LEONARDO BAUER MAGGI

ÁGUAS QUE UNEM
INTEGRAÇÃO REGIONAL E ITAIPU

LEONARDO BAUER MAGGI

ÁGUAS QUE UNEM

INTEGRAÇÃO REGIONAL E ITAIPU

1ª EDIÇÃO

EXPRESSÃO POPULAR

SÃO PAULO – 2023

Copyright © 2023 by Editora Expressão Popular

Curadoria da coleção "Água, Energia e Sociedade":
Luiz Alencar Dalla Costa, Dalila Alves Calisto, Nívea Maria Diógenes,
Leonardo Bauer Maggi

Produção editorial: Lia Urbini
Preparação: Cecília Luedemann
Projeto gráfico e diagramação: Zap Design
Capa: Gabrielle Sodré
Impressão e acabamento: Paym

Dados Internacionais de Catalogação-na-Publicação (CIP)

M193a   Maggi, Leonardo Bauer
Águas que unem: integração regional e Itaipu / Leonardo Bauer
Maggi. --1. ed. -- São Paulo : Expressão Popular, 2023.
126 p. – (Coleção Água, Energia e Sociedade).

ISBN 978-65-5891-108-1

1. Usina Hidrelétrica de Itaipu. 2. Usina Binacional
Itaipu. 3. Usina hidrelétrica Brasil – Paraguai. 4. Energia elétrica –
Itaipu. 5. Política elétrica brasileira. 6. Integração elétrica regional.
I. Título. II. Série.

CDU 621.31
621.311.21

Catalogação na Publicação: Eliane M. S. Jovanovich CRB 9/1250

Todos os direitos reservados.
Nenhuma parte deste livro pode ser utilizada
ou reproduzida sem a autorização da editora.

1ª edição: outubro de 2023

EDITORA EXPRESSÃO POPULAR
Alameda Nothmann, 806 – Sala 6 e 8
01216-001 – Campos Elíseos – São Paulo – SP
livraria@expressaopopular.com.br
🄵 ed.expressaopopular
🄾 editoraexpressaopopular

SUMÁRIO

AGRADECIMENTOS 9

POR UM TRATADO SOBERANO E POPULAR PARA ITAIPU 11
Fabiola Latino Antezana

UM NOVO MOMENTO PARA ITAIPU: ÁGUA E ENERGIA COMO
INSTRUMENTO SOCIAL, AMBIENTAL E DESENVOLVIMENTISTA 15
Gleisi Hoffmann

APRESENTAÇÃO 19

INTRODUÇÃO 21

1. A CONSTITUIÇÃO DE ITAIPU 25
   A definição do projeto de exploração hidrelétrica
   para o rio Paraná 31
   Características vantajosas da bacia do rio Paraná 34
   UHE Itaipu: características e construção da obra 36

2. ASPECTOS DA GESTÃO E FORMAÇÃO DA TARIFA DE
ELETRICIDADE EM ITAIPU 41
   A formação da tarifa de eletricidade da Itaipu Binacional 44
   A gestão da Itaipu Binacional 48
   O papel do Estado em Itaipu 50

3. O MODELO DE ITAIPU BINACIONAL E O TERRITÓRIO
DO CAPITAL.. 55
O atraso argentino no aproveitamento hidrelétrico do rio Paraná.. 55
Um alagamento para a paz (?) 57
A racionalidade da localização de Itaipu....................................... 61
As inovações carreadas por Itaipu.. 64
As ações de legitimação de Itaipu.. 67
Itaipu e a formação do território do capital.................................. 68

4. A ENERGIA NO MUNDO DAS MERCADORIAS............................... 81
A eletricidade como fonte de energia... 83
A mercadoria energia.. 86
A eletricidade no mundo das mercadorias..................................... 91
A Indústria de Eletricidade Brasileira (IEB) e o papel
do Estado na definição do preço.. 96
As consequências do período neoliberal 101

5. POR UM TRATADO COM DISTRIBUIÇÃO DA
RIQUEZA, INTEGRAÇÃO E PARTICIPAÇÃO POPULAR 109
No que Itaipu deve ser referência..110
Por uma política de integração regional 112
Agora são outros 50 119

REFERÊNCIAS 121

Aos atingidos e atingidas por barragens, em especial aos milhares de indígenas, camponeses e ribeirinhos que tiveram que deixar seu território para construção de Itaipu.

Aos milhares de trabalhadores e trabalhadoras que construíram, operam e cuidam de Itaipu bem como de toda a indústria que nos abastece de energia.

Aos milhões de brasileiros e paraguaios que ao longo de quarenta anos pagaram mensalmente com muito sacrifício por esse patrimônio.

AGRADECIMENTOS

Ao MAB pela força e confiança.

Ao Luiz pela orientação e revisão.

À Gabi e ao Marcelo pelo apoio nas ilustrações e capa.

À Dalila, Nívea e ao Luiz pela coordenação.

Ao professor Renê pelo apoio na revisão.

À Alexania e Isabela pelo apoio e paciência.

À Aurora por ter me incentivado a escrever esse livro nas madrugadas.

POR UM TRATADO SOBERANO E POPULAR PARA ITAIPU

FABIOLA LATINO ANTEZANA[1]

A indústria da energia elétrica historicamente se apresenta como centro de disputas geopolíticas e entre as partes componentes dessa indústria – o capital, as populações atingidas e os consumidores finais da energia produzida pelos empreendimentos. O capital busca maximizar o lucro, retirando direitos, terras e conquistas dos atingidos e instigando a exploração da mão de obra dos trabalhadores e trabalhadoras que constroem, operam e mantêm os empreendimentos. No caso das hidrelétricas, como é o caso de Itaipu, há o componente água, que por sua característica de possuir usos múltiplos, agrava os conflitos em torno dos empreendimentos.

A usina binacional de Itaipu, maior hidrelétrica do mundo, pelo lado brasileiro pertencia ao Sistema Eletrobras até o ano de 2022, passando a compor a Empresa Brasileira de Participações em Energia Nuclear e Binacional (ENBPAR), uma empresa 100% pública. Este processo de separação é resultado do ataque do capital financeiro sobre a maior empresa de energia elétrica da América Latina e que resultou na capitalização da Eletrobras.

---

[1] Diretora do Sindicato dos Urbanitários no Distrito Federal (StiuDF); membra da Confederação Nacional dos Urbanitários (CNU).

Ao mesmo tempo que o Estado perde o controle acionário da Eletrobras, podemos considerar que houve um processo de privatização. Itaipu, pela sua característica binacional, não poderia ser colocada sob gestão privada, e por isso passou a constituir a ENBPAR.terceiro, aponta as primeiras consequências das mudanças, destacando os resultados do primeiro leilão sob o novo modelo, do bloco de Libra, ainda durante o governo da presidenta Dilma Rousseff.

As disputas pelo controle das reservas e da produção do Petróleo tiveram início no começo do século passado e se estendem até os dias de hoje. Estas muitas vezes foram por meio de guerras violentas, deposição e assassinatos de dirigentes políticos mundo a fora.

Atualmente, vivemos a crescente escassez de recursos naturais, como o petróleo e a água, no planeta e este cenário de disputas tende a se agravar ainda mais, portanto, precisaremos de unidade popular para defendê-los e reconstruir o nosso país, que vem passando por um processo acelerado de destruição desde que o golpe orquestrado pelas elites do país retirou Dilma Rousseff da Presidência.

A FUP e a Pocae consideram fundamental que a população brasileira se aproprie do conhecimento e dos dados sobre a imensa riqueza ainda em disputa no Brasil, em função da descoberta da reserva petrolífera do pré-sal pelos trabalhadores da Petrobrás.

Desta forma, entendemos como de suma importância a iniciativa de Luiz Dalla Costa de realizar este estudo profundo por ocasião de sua dissertação de mestrado na Universidade Estadual Paulista "Júlio de Mesquita Filho" (Unesp) e recomendamos a leitura, com a certeza de que é fundamental o conhecimento, a unidade e a mobilização dos trabalhadores e da sociedade como um todo na defesa da soberania e autonomia dos povos.

A exemplo da Campanha "O Petróleo é Nosso" entre os anos 1940 e 1950, em que os Comitês Organizativos eram tratados como "Centros de Estudo do Petróleo", o conhecimento permitiu a mobilização popular que teve como consequência a fundação da Petrobras. Obras como esta contribuem muito na tão necessária luta em defesa dos recursos naturais brasileiros para a construção de uma nova sociedade soberana, justa e igualitária.

Boa leitura e vamos à luta pelo "projeto energético popular".

Outubro de 2021

UM NOVO MOMENTO PARA ITAIPU: ÁGUA E ENERGIA COMO INSTRUMENTO SOCIAL, AMBIENTAL E DESENVOLVIMENTISTA

GLEISI HOFFMANN[1]

Meio século após a assinatura do Tratado de Itaipu, e liquidada a dívida da empresa, está aberto o caminho para a revisão do Anexo C e o fortalecimento da parceria entre Brasil e Paraguai, para além dos compromissos energéticos e comerciais firmados na criação da hidrelétrica. O livro *Águas que unem: integração regional e Itaipu* faz um apanhado da construção, mas, principalmente, aborda justamente esse novo período que a binacional tem pela frente.

Um dos pontos é a socialização da riqueza da maior usina de energia renovável do mundo, com a adoção de uma justa tarifa elétrica e a política de distribuição dos *royalties*. O reforço à integração regional multilateral e também a participação social na definição de onde e como brasileiros e paraguaios podem contribuir e influenciar na destinação de recursos de Itaipu também entram em pauta.

---

[1] Gleisi Hoffmann é deputada federal pelo Paraná e presidenta nacional do Partido dos Trabalhadores.

A contribuição do livro de Leonardo Bauer Maggi é essencial para abrir o debate sobre o futuro da Itaipu, seus trabalhadores e o povo sul-americano e, assim, avançarmos nas novas tratativas, levando em conta a inclusão social, o desenvolvimento regional e a sustentabilidade ambiental desse grandioso e estratégico projeto que atende mais de 13% da demanda de energia elétrica brasileira e 90% do consumo de eletricidade paraguaio nos últimos 10 anos, e gera 2,9 bilhões de megawatts-hora desde o início de seu funcionamento, representando importante contribuição de energia limpa para o planeta.

Em seu discurso na visita à empresa, o presidente Luiz Inácio Lula da Silva observou que as negociações do Anexo C do Tratado de Itaipu, que estabelece as bases financeiras de comercialização de energia da hidrelétrica binacional, deverão levar em conta a realidade e as assimetrias de Brasil e Paraguai, os dois sócios do empreendimento, combinando crescimento econômico com avanço social de seus parceiros, e ter a grandeza de compartilhar com os vizinhos tudo o que acontecer de bom com os brasileiros. Lula afirmou:

> Não é possível a gente imaginar um país rico cercado de países pobres de todos os lados. O Brasil, como irmão maior dos países da América do Sul, tem que ter a responsabilidade de fazer com que os outros países cresçam conosco para que a gente viva num continente de paz e de tranquilidade, e que a gente nunca mais repita o gesto ignorante de uma guerra.

Nessa linha, é possível uma repactuação do tratado, que até hoje é fruto de uma parceria civilizatória, para que todos os envolvidos ganhem.

Nesse aspecto, é relevante a crítica que chama atenção para o fato de a Itaipu, nesses 50 anos, ter sido constituída como um território exclusivo do capital, como se refere o autor, por meio da organização econômica do capital financeiro e do lucro resultante da exploração do trabalho e sobre a população atingida pela sua construção, pela tomada de territórios de forma despojadora. Lembrando que grande parte da construção ocorreu nos chamados anos de chumbo da Ditadura Militar, 1969 a 1979, período em que foi instituído o AI 5.

O livro traz ainda uma reflexão sobre a atual política elétrica brasileira, que tem como consequência possuirmos uma das contas de luz mais caras do mundo, mesmo quando temos uma matriz de energia natural renovável.

Na Diretoria Financeira da Itaipu Binacional, foi possível testemunhar a empresa como instrumento de desenvolvimento regional, envolvendo aspectos múltiplos como a questão da água e do meio ambiente, o cuidado social com os cidadãos e, principalmente, a promoção do Estado como ente a serviço dos povos e da vida, colocado em prática de forma mais pujante e progressista.

A construção de Itaipu foi motivada não apenas pela questão energética, mas também pela necessidade de se resolver o impasse na fronteira entre os dois países. A constatação de grande potencial hidrelétrico no Rio Paraná, que poderia se tornar um complicador para a questão fronteiriça, serviu como ferramenta de aproximação diplomática entre os dois países: grande parte da área em litígio foi alagada, afastando-se a possibilidade de conflito. Itaipu tornou-se, assim, a pedra angular das relações entre Brasil e Paraguai.

Há um espaço aqui para lamentar a perda das Sete Quedas do Rio Paraná, maior cachoeira em volume de água do mundo, e que foi submergida na construção da Usina Hidrelétrica de Itaipu, na área de litígio entre Brasil e Paraguai, algo que seria impensável atualmente. Na década de 1970, milhares de turistas foram ver os últimos dias daquela grandiosidade, que reaparece às vezes na superfície do lago Itaipu em períodos de seca.

Desse modo, o novo Tratado de Itaipu teve o condão de promover o equilíbrio nas relações entre Brasil e Paraguai, mas a sua repactuação, passando pela revisão do Anexo C, deve guardar as mudanças ocorridas no Brasil e no mundo nas últimas décadas, avançando na reconciliação com a população afetada, na sustentabilidade e justiça social. Ademais, não se deve esquecer o compromisso assumido pelo Estado brasileiro no âmbito do Mercado Comum do Sul (Mercosul) de se empenhar na redução das assimetrias do bloco. O Brasil tem função primordial em tomar medidas práticas e capazes de alcançar a diminuição dessas desigualdades regionais, culminando na celebração do Tratado de Itaipu. É preciso inaugurar os tempos de cooperação e compartilhamento, em que a água e a energia sejam instrumentos do povo soberano com distribuição da riqueza.

APRESENTAÇÃO

Assinada em 26 de abril de 1973 e inaugurada em 25 de outubro de 1984, a Usina Hidrelétrica (UHE) Itaipu é uma das principais expressões da indústria de eletricidade em âmbito mundial. É talvez a máquina que mais produz(iu) eletricidade no mundo. Sua construção mobilizou não apenas os dois países diretamente atingidos (Brasil e Paraguai), mas interesses em âmbito internacional. Trata-se de uma obra que, por sua natureza, é também um feito da integração elétrica regional.

O livro *Águas que unem – Integração regional e Itaipu* recupera alguns aspectos do período em que o projeto Itaipu foi concebido, entre o final dos anos 1960 início dos anos 1970, suas características operacionais, destinação da energia, aspectos de gestão compartilhada e dá destaque à política estabelecida de formação da tarifa de energia e como a riqueza produzida foi até então distribuída.

Não por acaso, a construção de Itaipu coincide com o período mais repressivo da Ditadura Militar brasileira (AI-5,1968-1978), e a violência praticada nesse período deixou diversas dívidas para as gerações posteriores, dívida social, ambiental e econômica, as quais o povo brasileiro e paraguaio foram obrigados a pagar ao longo das últimas 5 décadas. O rol de exclusividades e garantias criadas para proteger esses interesses formou o que o autor denomina de "território do capital".

O livro aborda também aspectos da política elétrica brasileira, demonstrando o modo pelo qual as transformações políticas foram alterando os interesses e objetivos da indústria de eletricidade e as principais características do fracasso que o neoliberalismo produziu nesse setor ao longo de 30 anos, resultando nos dias atuais na entrega à população de uma energia muito cara e sob constante ameaça de racionamento.

Ao completar 50 anos e diante da possibilidade estatutária de se rever os acordos realizados no ato de sua assinatura, o livro apresenta alguns desafios que estão colocados para ambos países e toda região, propostas que visam o aproveitamento integral dessa usina aos anseios e necessidades do povo brasileiro, paraguaio e região. Ações que visem o aproveitamento integral da riqueza nela produzida, desde a distribuição em âmbito regional, a política tarifária, até ações estruturantes, como a participação popular em sua gestão e a construção de um sólido processo de transição energética, viável, sustentável e justo.

Esse trabalho é parte da coleção "Água, Energia e Sociedade", que acolhe o esforço intelectual de militantes de organizações populares na construção de um pensamento crítico sobre temas especialmente relacionados às questões da energia, da água e dos/as trabalhadores/as.

Sigamos o exemplo do rio Paraná, bacia essa que é fonte de riqueza, alimento, água e energia, manancial comum para os países da região e que para navegar por águas exige um esforço de cooperação, preservação, sustentabilidade, solidariedade.

Água e energia, com soberania, distribuição da riqueza e controle popular.

INTRODUÇÃO

Tomemos por exercício imaginar a eventual necessidade de se inundar as Cataratas do Iguaçu. Pois imaginemos agora afogar algo dez vezes maior que essas cataratas. Foi isso que aconteceu nos anos 1970, quando governos do Brasil e Paraguai decidiram construir Itaipu, submergindo as Sete Quedas. Eram dezenas as alternativas que permitiam levar a cabo a decisão de exploração das águas do rio Paraná no seu trecho mais caudaloso, mas o capital não hesitou tomar da humanidade esse que era um dos mais belos espetáculos da natureza. Inicia aí a dívida de Itaipu.

O livro *Águas que nos unem – integração regional e Itaipu* é uma atualização da dissertação de mestrado "Contribuições de Itaipu no processo de integração elétrica regional", do mesmo autor, defendida há dez anos (2013) no programa de pós-graduação de geografia da Universidade Estadual Paulista "Júlio de Mesquita Filho" (Unesp), campus de Presidente Prudente (SP), então orientada pelos professores Elizeu Saverio Sposito da Unesp e Dorival Gonçalves da Universidade Federal do Mato Grosso (UFMT).

Esse trabalho é também resultado de um grande esforço que organizações de trabalhadores e seus militantes têm dedicado para a interpretação crítica da realidade em que estão inseridos, em uma expectativa que seja concretamente útil, qualificando o ambiente da luta. Nesse sentido, vale destacar o grande empenho que representa a Plataforma Operária e Camponesa da Água e Energia (Pocae/Brasil), o Movimiento de los Afectados por Represas (MAR), assim como as organizações populares especialmente paraguaias, que realizam uma luta incansável pela soberania energética.

Neste livro o autor não se intimidou em tomar emprestado o texto original da referida dissertação, especialmente os primeiros capítulos. O capítulo 1 descreve de forma muito sintética pressupostos políticos e econômicos que foram ao longo dos anos sendo construídos e permitiram, pela definição do projeto Itaipu, à escolha do local, do tamanho do empreendimento e das condições de operação. O capítulo 2 parte da análise da Itaipu constituída e como Brasil e Paraguai construíram instrumentos de gestão capazes de garantir a produção de energia, a expansão do parque gerador e o pagamento da dívida contraída para a sua construção. Uma engenharia institucional e financeira tão gigantesca quanto a própria obra e que muito do que foi aí desenvolvido é utilizado até os dias atuais.

O capítulo 3 inicia a estruturação de uma crítica que busca revelar alguns interesses, além daqueles puramente nacionais, incentivadores e outros atraídos pelo projeto e como ele conseguiu estabelecer bases sólidas e estáveis do ponto de vista político, institucional, financeiro, social e inclusive territorial a ponto de ser reconhecido pelo autor como exclusivo, único, um território do capital. Território esse estabelecido por meio de mecanismos espoliativos, violando direitos e culturas, em um dos períodos mais repressivos da política brasileira. Um território dedicado a atender aos interesses industriais, com a venda de energia abundante e relativamente barata, e ao mesmo tempo irrigar setores financeiros variados, por meio do pagamento de juros ao longo de décadas, que comprometeram 70% de toda a riqueza produzida

O capítulo 4 busca preservar a leitura crítica, agora focado na política elétrica brasileira e como essa fez da Indústria da Eletricidade um ambiente de reprodução maximizado do capital desde as fases mais industriais até os dias atuais, sendo apropriada pelo capital rentista. O autor sustenta a tese de que está instalado no Brasil um verdadeiro esquema de espoliação da riqueza socialmente produzida, subtraída do conjunto da população por meio de altas tarifas do serviço de eletricidade, da precarização das relações de trabalho, na apropriação das bases naturais mais vantajosas e tudo isso sustentado por forte aparato institucional

O quinto e último capítulo apresenta alguns pontos que devem ser discutidos para Itaipu pós 2023, tendo como perspectiva a construção de um programa de reformas capazes de criar as melhores condições para que nesse próximo período a riqueza produzida em Itaipu esteja toda a serviço da população brasileira, paraguaia e da região, considerando a enorme contribuição que a integração regional pode representar em relação ao aumento da eficiência, da sustentabilidade e da produtividade dessa indústria, bem como ferramenta de universalização do acesso à energia na região. Entre as questões levantadas, apresenta-se a necessidade de se discutir uma política tarifária compatível com as expectativas e necessidades da região, resolução de dívidas históricas, modelos de contratação, definição de moedas e a necessária participação popular com vistas à construção de uma transição energética justa.

Itaipu foi um marco da indústria de eletricidade em âmbito mundial, construiu inovações tecnológicas, materializou novas formas de remuneração de capitais de todo mundo, representou um grande avanço no processo de integração elétrica bilateral e poderá inaugurar uma nova fase da integração elétrica regional, fornecendo energia de baixo custo, com segurança no suprimento e renovável, algo difícil de se encontrar em toda a face terrestre nos dias atuais.

Trata-se de uma obra construída por milhões de brasileiros e paraguaios ao longo de 50 anos. Até então, Itaipu privilegiou o pagamento da dívida aos bancos. Talvez agora seja a vez de olhar para aqueles que cederam seus territórios para a instalação de Itaipu, olhar para aqueles que perderam ou não tiveram a oportunidade de conhecer um dos maiores espetáculos naturais existentes – Sete Quedas, olhar para aqueles que ao longo de 40 anos mensalmente pagaram seus custos internacionalmente definidos. Abriu-se a oportunidade de Itaipu estar definitivamente a serviço dos interesses do povo paraguaio, brasileiro bem como de toda a região.

A integração elétrica com vistas a um desenvolvimento sustentável, a produção da riqueza em abundância a fim de sanar as profundas desigualdades regionais, o acesso universal à energia e à água, a gestão integrada e participativa das águas, assim como o manancial do rio Paraná, são águas que nos unem.

1. A CONSTITUIÇÃO DE ITAIPU

Até 1930, apesar de pequeno, isolado e fragmentado, o sistema de geração e suprimento de eletricidade brasileiro era suficiente para satisfazer o interesse nacional, até então fundado numa economia tipo agrário-exportadora, restrita ao atendimento de alguns poucos centros urbanos e algumas manufaturas, principalmente tecelagens e pequenas siderúrgicas. Esse sistema era também responsável por serviços de bondes e telecomunicações. As dificuldades enfrentadas pelo projeto agrário-exportador no Brasil para manter o processo de produção de excedente após 1930 abriu caminho para a expansão de setores menos dependentes do mercado internacional. A partir de então, o Brasil iniciou um forte processo de ampliação da atividade industrial.

Para tanto, foi necessário constituir todo um arranjo institucional e produtivo capaz de dar conta das novas necessidades. No caso da energia elétrica, as mudanças iniciaram com o fim da Cláusula Ouro (que determinava que os valores de serviços de energia elétrica não teriam mais como indexador principal uma referência monetária internacional, nesse caso o ouro) e a instituição do Código de Águas (Decreto n. 24.643, de 10/07/1934, que definiu que todos os recursos hídricos são monopólio do Estado e que qualquer tipo de exploração da água necessitaria de concessão estatal).

Essas duas medidas jurídico-institucionais representaram nítida mudança no papel do Estado, que também passou a ampliar sua participação no planejamento, investimento e gestão da indústria da eletricidade. Nas décadas que se seguiram, muitas foram as ações de Estado, desde o planejamento e levantamento de potenciais hidráulicos, na interligação das estruturas de geração existentes e na tomada de concessões privadas de distribuição de energia elétrica. Esse processo culminou com a criação da Companhia Hidrelétrica do São Francisco – CHESF (Decreto n. 8.031, de 3/10/1945) e da Centrais Elétricas Brasileiras S/A – Eletrobras (1961)[1] e da própria Comissão Interestadual da Bacia Paraná-Uruguai (CIBPU),[2] constituída em 1951 para avaliar o potencial hidrelétrico das referidas bacias, além da Companhia do Vale do rio São Francisco (CVSF, 1948), a Superintendência do Plano de Valorização Econômica da Amazônia (SPVEA, 1953), a Superintendência do Plano de Valorização da Fronteira Sudoeste do País (SPVESUD, 1956) e a Superintendência de Desenvolvimento do Nordeste (Sudene, 1959) (Gardin, 2009, p. 20).

---

[1] Apesar de ter o seu projeto de criação enviado para o Congresso Nacional em 1954, ele foi aprovado apenas em 25/04/1961, por meio da Lei n. 3.890-A.

[2] Segundo Gardin (2009, p. 19), a "CIBPU e a CVSF (Comissão do Vale do São Francisco) foram as únicas experiências de planejamento regional no Brasil centradas no desenvolvimento de bacias hidrográficas, base territorial advinda do modelo do planejamento norte-americano do vale do rio *Tennessee* (TVA). Com isso, a CIBPU adotou a concepção de desenvolvimento regional integral, baseado no planejamento de conjunto da Bacia Paraná-Uruguai".

Com a criação da Eletrobras (1961), um forte ciclo de expansão da indústria da eletricidade se estabeleceu no Brasil. Dados do Ministério de Minas e Energia (MME) (Maggi, 2013, p. 22) demonstram que até 1954, o Brasil possuía uma capacidade instalada de 2.173 megawatts (MW). Dez anos depois, em 1964, o país atingiu 4.894 MW e em 1984, com o início das operações de Itaipu, o Brasil passou a ter 34.932 MW instalados. Ou seja, em 30 anos, a capacidade instalada em base hidráulica brasileira expandiu 15 vezes, sete vezes mais que o Produto Interno Bruto (PIB) do mesmo período.

Enquanto se verificava esse crescimento no Brasil, em âmbito mundial, o período compreendido entre o Pós-Segunda Guerra Mundial (1945) até os anos 1970 representou grande êxito para a acumulação capitalista. Com o fim da reconstrução da Europa, não havia mais onde aplicar tanto capital excedente. Uma das saídas encontradas pelo capital rentista mundial foi fazer investimentos em países não desenvolvidos. Sobre esse período, Harvey faz a seguinte consideração:

> Os bancos de investimento de Nova York, então lotados de excedentes [...] e desesperados por novas oportunidades de investimento num momento em que o potencial de rentabilidade de investimento dentro dos Estados Unidos estava exausto, fizeram empréstimos maciços para países em desenvolvimento como México, Brasil, Chile e até mesmo para Polônia. (Harvey, 2011, p. 24)

A política de financiamento externo, também conhecida como política de exportação de capitais (Lenin, 2012), foi bem recebida pelos países latino-americanos, principalmente aqueles que mantinham o poder político sob o comando das forças armadas. A presença de maciço capital externo foi uma das primeiras marcas da retomada do crescimento econômico no Brasil e a indústria elétrica foi um dos principais destinos desses recursos. Esse conjunto de investimentos foi denominado no Brasil de Plano Nacional de Desenvolvimento (PND, 1972-1974). A Itaipu foi idealizada durante os anos do "milagre econômico" que caracterizou o Brasil pós-1964, período no qual foi imposto um modelo de Estado que colocou em prática grandes projetos de investimento, cuja meta era a implantação de uma indústria de bens de capital (Souza, 2002, p. 32).

Nesse contexto, a exploração da Bacia do Rio Paraná adquire centralidade, por ser uma das principais bacias hidrográficas do continente que, ao incorporar a grande bacia do rio do Prata, transformou-se em uma das principais do mundo. Brasil, Paraguai e Argentina sabem da importância que a base natural existente nessa região tem para o desenvolvimento de suas economias. Em março de 1973, a Eletrobras divulgou um relatório informando que apenas a parte brasileira da Bacia do Rio Paraná detinha um potencial de 23,5 gigawatts (GW) (Pereira, 1974, p. 82), ou seja, quase o dobro de todo o parque elétrico brasileiro instalado até então.

A iniciativa industrial argentina, anterior à brasileira, instigava o capital local a resolver questões relacionadas ao suprimento de energia e, para tanto, o aproveitamento hidroenergético dos rios estava na pauta com essa finalidade. Segundo Moniz Bandeira (1987, p. 18), já em 1907 o engenheiro Edmond J. Forewen e o então presidente argentino José de Figueroa Alcorta aprovaram a iniciativa de estudar o aproveitamento hidrelétrico das águas do Rio Paraná. Segundo o autor, elementos contrários alegaram que as Cataratas do Iguaçu estavam situadas muito distantes dos centros industriais. Empresas britânicas (de base térmica) já estabelecidas na Argentina também foram contra essa iniciativa (esse tema será recuperado no capítulo 3).

Até a metade do século XX, o Paraguai tinha como referência comercial e política a Argentina. Essa influência se dava desde o período colonial, quando o principal acesso marítimo paraguaio era pela foz do rio do Prata (Dávalos, 2009, p. 111). No entanto, interessava as empresas paraguaias diversificarem as relações também com mercados de outros países da região, além de construir alternativas de acesso ao mar. Com a concessão do depósito franco em Paranaguá em 1956, a construção da Ponte da Amizade em 1965 e o asfaltamento, em 1969, da rodovia de Paranaguá até Foz do Iguaçu e de Porto Presidente Stroessner[3] a Assunção, criou-se um ambiente de bastante proximidade comercial entre Brasil e Paraguai (Pereira, 1974, p. 86).

Quando Brasil e Paraguai firmaram o compromisso de construir Itaipu, a Argentina instalou conflito com ambos os países. A disputa foi cheia de acusações de todos os lados. O Brasil era acusado pela Argentina de não respeitar normas internacionais, principalmente o direito de consulta prévia em obras de rios internacionais sucessivos e queria, ao menos, que fosse obrigatória a troca de informações sobre projetos desse tipo. Essa disputa foi parar na Convenção das Nações Unidas sobre o Meio Ambiente, realizada em junho de 1972 em Estocolmo. O item 21 da Declaração Sobre o Meio Ambiente desta Convenção afirma:

> De conformidade com a Carta das Nações Unidas e com os princípios do Direito Internacional, os Estados têm o direito soberano de explorar seus próprios recursos na aplicação de sua própria política ambiental e a obrigação de assegurar que as atividades que venham a ser levadas a cabo dentro de sua jurisdição ou sob seu controle não causem danos ao meio

---

[3] Atualmente Ciudad del Este.

ambiente de outros Estados ou zonas situadas fora de toda a jurisdição nacional. (ONU, 1972, *apud* Pereira, 1974, p. 139)

Logo em seguida, em 2 de outubro de 1972, os chanceleres do Brasil e Argentina voltaram a se encontrar, dessa vez em Nova York (EUA), e trataram de dar passos para resolver o imbróglio na tríplice fronteira. Mais tarde foi levado à Plenária das Nações Unidas e transformou-se na Resolução n. 2995/1972, com fragmentos do texto a seguir:

a) [...]
b) [...] se logrará, adequadamente, dando-se conhecimento oficial e público dos dados técnicos relativos aos trabalhos a serem empreendidos pelos Estados dentro de sua jurisdição nacional com o propósito de evitar prejuízos sensíveis que se possam ocasionar no meio ambiente da área vizinha;
c) [...] serão dados e recebidos com o melhor espírito de cooperação e boa vizinhança, sem que isto possa ser interpretado como facultando a qualquer Estado retardar ou impedir os programas e projetos de exploração e desenvolvimento dos recursos naturais dos Estados em cujos territórios se empreendam tais programas e projetos. (ONU, 1972, *apud* Pereira, 1974, p. 140)

Mais adiante, em 1979, foi assinado o Acordo Tripartite entre Brasil, Paraguai e Argentina, que estabeleceu normas para a exploração dos recursos hídricos na Bacia do Rio Paraná, em especial para o conflito entre Itaipu e Corpus,[4] definindo-se a cota de coroamento do lago a jusante (Dávalos, 2009, p. 141). As obras de Caubet (1991) e Pereira (1974) apresentam com riqueza de detalhes os desdobramentos diplomáticos dos conflitos na Bacia do Prata nesse período.

---

[4] Projeto de UHE Corpus ou Corpus Christi entre Argentina e Paraguai, imediatamente a jusante de Itaipu.

Figura 1: Projeção horizontal do conflito entre os projetos de *Itaipu* (Brasil e Paraguai) e *Corpus* (Argentina e Paraguai).

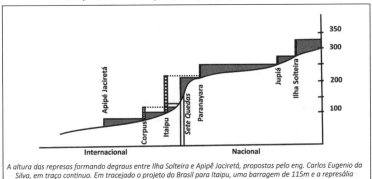

A altura das represas formando degraus entre Ilha Solteira e Apipê Jaciretá, propostas pelo eng. Carlos Eugenio da Silva, em traço contínuo. Em tracejado o projeto do Brasil para Itaipu, uma barragem de 115m e a represália argentina, a represa de Corpus, cuja cota de 120m estaria acima da saída das águas da usina de Itaipu.

Fonte: Pereira, 1974, p. 155.

A definição do projeto de exploração hidrelétrica para o rio Paraná

Com a instituição da Comissão Interestadual da Bacia Paraná-Uruguai (CIBPU), composta por governadores dos estados banhados por estas bacias, entre eles Mato Grosso, Paraná, São Paulo, Goiás, Minas Gerais, Santa Catarina e Rio Grande do Sul, o Estado brasileiro intensificou a elaboração de um conjunto de projetos de grandes obras para essas duas bacias (Gardin, 2009, p. 19; Dávalos, 2009, p. 104).[5] Entre as possibilidades de exploração hidroenergéticas estudadas para o rio Paraná, apresentou-se o projeto *a)* Paranáyara: hidrelétrica totalmente em solo brasileiro, antes do salto das Sete Quedas (Figura 1); e o projeto *b)* Guairá, que previa desviar o leito do Rio Paraná desde Guairá, antes de chegar na divisa com o Paraguai, por canal de 60 km de comprimento, correndo à esquerda do leito atual. As

---

[5] No mesmo período, as Centrais Elétricas de São Paulo (CESP), a partir de estudos iniciados ainda pela CIBPU, começa a construção da UHE de Jupiá (1.551, MW) e especulações sobre a construção da hidrelétrica de Ilha solteira, imediatamente a montante (Figura 1).

turbinas ficariam inteiramente em solo brasileiro com 10 GW de capacidade instalada (Pereira, 1974, p. 54).

É importante destacar que, na época, havia uma pendência sobre a fronteira definitiva entre Brasil e Paraguai na altura da Serra do Maracaju até a altura do Salto das Sete Quedas ou salto Guairá, derivada de uma dúbia interpretação da Comissão Mista de Limites e Caracterizações da Fronteira Brasil – Paraguai, constituída para levar a cabo as definições do Tratado de Limites assinado após a Guerra do Paraguai em 1872 entre ambos os países.[6] Em síntese, uma porção de terras (cerca de 2 km²) onde se situava a comunidade denominada Porto Coronel Renato era entendida por ambas as partes como pertencentes ao seu território. O conflito ficou mais evidente quando, em junho de 1965, um destacamento do exército brasileiro acampou nessa comunidade, gerando fortes protestos no país vizinho. Nos dias 21 e 22 de junho de 1966, foi realizado um encontro entre os chanceleres de ambos os países nas cidades de Foz do Iguaçu e Porto Presidente Stroessner, do qual originou a Ata de Iguaçu ou Ata das Cataratas. Entre outros pontos, o Brasil desistia formalmente de aproveitar sozinho as águas do Rio Paraná e consentia, *pela primeira vez*, a exploração em igual condição com o país vizinho do trecho contíguo do rio.

Em 12 de abril de 1967 constituiu-se uma Comissão Mista Técnica para tratar dos estudos de aproveitamento da força das águas do Rio Paraná pelos dois países. Essa Comissão contratou em 1971 um consórcio composto pela italiana Eletro-Consult e a American International Engineering and Construction para apoio na elaboração de um projeto (Pereira, 1974, p. 88). Essa

---

[6] A região do Salto de Guairá ou das Sete Quedas, apesar de ter certa importância na história colonial sul-americana, encontrava-se num território de fronteira não muito bem definida das coroas portuguesa e espanhola. (Dávalos, 2009, p. 129).

Comissão deteve-se sobre algumas possibilidades, entre elas *a)* o projeto UHE Salto das Sete Quedas, proposta que considerava a viabilidade da usina logo abaixo do Salto das Sete Quedas e o projeto da *b)* UHE Itaipu proposta elaborada após o levantamento do Rio Paraná desde o Salto das Sete Quedas até Foz do Iguaçu com a instalação de usina com 10,8 GW de potência instalada com 14 unidades geradoras (Figura 1) (Itaipu Binacional, 1974, p. 29).

> [...] foram estudadas e analisadas 50 soluções para o possível aproveitamento hidrelétrico entre Sete Quedas e Foz do Iguaçu. Dessas 50 soluções examinadas, a que mostrou-se *mais economicamente viável, tecnicamente mais aconselhável, e também politicamente uma solução exequível* foi a de se fazer uma barragem só. (Cavalcanti, 1979, *apud* Germani, 2003, p. 33, grifo nosso)

A partir dessa definição, Brasil e Paraguai iniciaram as tratativas para levar a cabo o que ficou denominado de "Tratado de Itaipu", efetivamente assinado em 26 de abril de 1973.[7] Ele é composto por três anexos, sendo o Anexo A exclusivamente dedicado à constituição jurídica e atribuições das Altas Partes [Contratantes],[8] o Anexo B trata da obra e construção do equipamento e o Anexo C discrimina os mecanismos de operação financeira. O Tratado define a Eletrobras e a Administración Nacional de Electricidad (Ande)[9] como proprietárias de Itaipu.

Com um barramento de 196 m de altura, alcançando a cota 223, a UHE Itaipu submerge o projeto Salto das Sete Quedas (bem como a própria). Na época, esse projeto foi orçado em US$ 2,033 bilhões.

---

[7] Esse ano de 1973 foi agitado no Paraguai, pois além do Tratado de Itaipu, em 3 de dezembro daquele ano foi assinado com a Argentina o tratado para construção de Yacyretá, também no rio Paraná (Yacyretá, 1973, p. 9).

[8] Altas Partes [Contratantes] – representações diplomáticas de ambos países.

[9] Ande – Admnistración Nacional de Electricidad: estatal responsável por todo o sistema elétrico e da metade paraguaia de Itaipu.

Características vantajosas da bacia do rio Paraná

A UHE Itaipu está localizada no rio Paraná, na divisa do Brasil com o Paraguai, apenas no trecho contíguo entre os dois países, "*desde e inclusive o Salto Grande de Sete Quedas ou Salto de Guairá até a Foz do Rio Iguaçu*" (Brasil Congresso, 1973, p. 1), 14 km a montante da Ponte da Amizade.

Essa localização permite um excelente aproveitamento da força hidráulica de toda a bacia do rio Paraná, pois a imensa cadeia de barramentos a montante regulariza a vazão do rio, permitindo que essa hidrelétrica opere tipo fio d'água. Até a UHE Itaipu, a bacia do rio Paraná possui 57 barragens, sendo 55 dessas hidrelétricas, com capacidade instalada de 27,1 GW (Brasil ONS, 2021), o que corresponde a 25,0% da potência hidrelétrica brasileira. Se considerar a parte brasileira da UHE Itaipu, essa participação sobe para 32,0%. A figura 2 apresenta as barragens no lado brasileiro na bacia do rio Paraná.

Esta localização é privilegiada, de grande confluência fluvial da parte centro-sul do continente, onde grandes rios e suas respectivas bacias convergem para o Rio da Prata. Do ponto de vista geopolítico, é uma região estratégica: no meio da América do Sul, na tríplice fronteira entre Paraguai, Brasil e Argentina, representando também um grande esforço na busca por integração regional.

Figura 2 - Diagrama esquemático das usinas hidrelétricas a montante da UHE Itaipu conectadas ao SIN

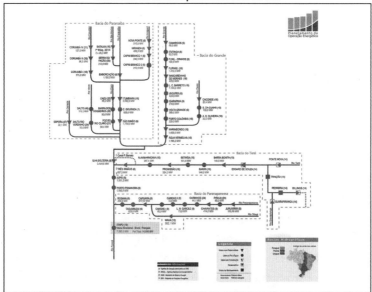

Fonte: Elaborado por Sodré a partir de ONS (2023).

Figura 3 - Localização de Itaipu

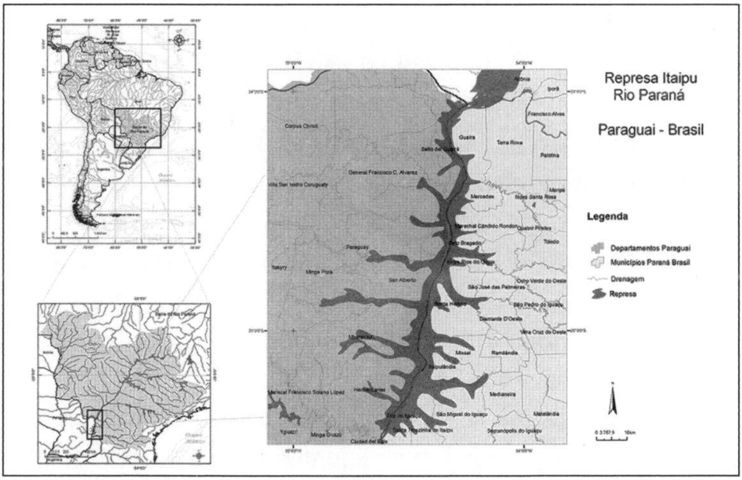

Fonte: Maggi, 2013, p. 29.

UHE Itaipu: características e construção da obra

O Anexo B do Tratado de Itaipu descreve sucintamente o projeto apresentado pela Comissão Técnica Mista brasileiro-paraguaia. Basicamente, o "equipamento Itaipu" compreende ao menos quatro grandes divisões – barragem, geração, transmissão e vertedouro.

O lago da barragem da UHE Itaipu ocupa uma área de 1.350 km², sendo 770 km² do lado brasileiro (margem esquerda) e 580 km² do lado paraguaio (margem direita), tendo 170 km de comprimento e 7 quilômetros de largura média, com uma capacidade de armazenamento de 29 bilhões de metros cúbicos de água. A altura máxima do barramento é de 196 metros, proporcionando que a água, em períodos de cheia, alcance a cota 223,10 e a largura total de 7.919 metros (Itaipu Binacional, 2012, p. 41; p. 45). Além do barramento principal, outras três barragens complementam o arranjo de armazenamento d'água.

É uma usina tipo fio d'água, quando sua vazão de saída corresponde à vazão de entrada. Dessa forma, sua capacidade de geração está intimamente ligada à capacidade de operação dos empreendimentos a montante, como mencionado anteriormente. Pode-se afirmar que o lago da UHE Itaipu está distribuído nos lagos das hidrelétricas a montante (Figura 2).

No que concerne à geração, trata-se de uma composição de 20 turbinas tipo *francis* com potência de 700 MW cada, conferindo uma potência instalada total de 14 GW, sendo dez turbinas operando em 50 hertz (Hz) (Paraguai) e outras dez turbinas 60 hertz (Brasil). Cada turbina é alimentada por adutoras com 10,5 metros de diâmetro que proporcionam uma vazão de 690 m³/s (Itaipu Binacional, 2012, p. 45 e 47).

Sobre a transmissão, a energia produzida pela UHE Itaipu é distribuída pelo Brasil por meio do Sistema Integrado Nacional (SIN). Essa ligação é realizada por intermédio de duas linhas de transmissão de Foz do Iguaçu (PR) até Ibiúna (SP), com aproximadamente 800 km de comprimento cada (Itaipu Binacional, 2012, p. 50). Para a energia em 50 Hz que o Brasil compra do Paraguai, há uma estação de conversão para 60 Hz antes de incorporar essa energia no SIN.

No Paraguai, o escoamento da energia de Itaipu é feito na subestação da margem direita. A energia é entregue a quatro linhas de transmissão, sendo que duas delas seguem em direção a Assunção, distante cerca de 300 km, e as outras duas vão para a UHE Acaray a apenas 5 km da subestação margem direita. Da UHE Acaray, outras três linhas seguem também para Assunção.

O vertedouro é constituído por 14 comportas de 20 x 21,34 metros cada com uma capacidade de descarga de 62.200 m³/s (Itaipu Binacional, 2012, p. 45).

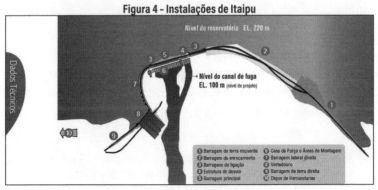

Figura 4 - Instalações de Itaipu

Fonte: Itaipu Binacional (2012, p. 46).

No caso da UHE Itaipu, acordos, estudos e as obras foram desenvolvendo-se simultaneamente e 50 anos após o início da primeira unidade geradora entrar em operação, a realidade continua exigindo ajustes, estudos e obras complementares. Pode-se considerar que a construção de Itaipu em três frentes:

1. estudos: iniciados em abril de 1967 com o acordo entre os dois países para dimensionar a possibilidade de um aproveitamento hidrelétrico no Rio Paraná e a contratação da equipe italiano-americana, com consequente escolha do projeto Itaipu;
2. obras: iniciadas em 1975 com a escavação do novo leito do Rio Paraná e posterior construção da barragem principal e instalação de equipamentos para geração. Em 1982, as comportas foram fechadas e, em maio de 1984, a UHE Itaipu começou a gerar energia (Itaipu Binacional, 2012, p. 28).
3. geração de energia: em 1984 a UHE começa gerar energia elétrica. Essa fase evoluiu até 2006 quando a última unidade geradora foi instalada.

Para a construção, empresas brasileiras haviam vencido licitação para as obras em ambas as margens, sendo a Andrade Gutierrez do lado esquerdo e a Camargo Corrêa do lado direito. Mas posteriormente, com vistas a envolver capitais dos dois países, fez-se um novo arranjo sendo o consórcio Unicon[10] para o lado brasileiro e a Conempa[11] para o lado paraguaio. Para as obras eletromecânicas também foram constituídos dois consórcios sendo a Itamon[12] e a CIE.[13] Todos os consórcios tinham

---

[10] Andrade Gutierrez, Camargo Corrêa, Cia. Brasileira de Pavimentos e Obras, Mendes Junior (CBPO) e Cetenco Engenharia (Dávalos, 2009, p. 189).

[11] Ecomipa, Jimenéz Gaona & Lima, Barrail hermanos, Ecca S. A., Compañia General de Construcciones, Hermann Baumann (Dávalos, 2009, p. 189).

[12] Itamon: A. Araújo S. A. Engenharia e Montagens, Empresa Brasileira de engenharia S. A. (EBE), SADE – Sul-americana de Engenharia S. A., Montreal Engenharia S. A., Sertep S. A, Engenharia e Montagens, Techint – Cia. Técnica Internacional, Tenenge – Técnica Nacional de Engenharia S. A., Ultratec Engenharia S. A. e CIE – Consórcio de Ingenieria Eletromecanica S. A. (Dávalos, 2009, p. 189).

[13] CIE: AG Brown Boveri & Cia, Alston Atlantique, Bardella S. A. Indústrias Mecânicas, BSI Engenharia Mecânica S. A., Indústria Mecânica Brown

empresas brasileiras e paraguaias (Dávalos, 2009, p. 189). Segundo Itaipu (Itaipu Binacional, 2012, p. 66), no auge da obra, cerca de 40 mil operários trabalharam simultaneamente e em quase 10 anos de obra, foram cerca de 100 mil trabalhadores envolvidos na construção. Relatórios de Itaipu afirmam que entre 1978 e 1992 foram desapropriadas 101.092,5 hectares de 8.519 propriedades, sendo 6.913 rurais e 1.606 urbanas, atingindo aproximadamente 40 mil pessoas.

Boveri S. A., J. M. Voith GmbH, Neyrpic, Mecânica Pesada S. A. Siemens Aktiengesellschachat, Siemens S. A., Voith S. A. Máquinas e Equipamentos e CIE – Consórcio de Engenieria Electromecãnica S. A. (Dávalos, 2009, p. 189).

2. ASPECTOS DA GESTÃO E FORMAÇÃO DA TARIFA DE ELETRICIDADE EM ITAIPU

Como apresentado no capítulo anterior, o Tratado de Itaipu foi a principal referência para as ações de desenvolvimento do projeto, construção, operação e ações comerciais entre os dois países em relação à usina. Em especial, no que tange a gestão das receitas produzidas a partir de Itaipu, foi constituído um documento complementar ao Tratado, denominado Anexo C, que tem prevista revisão dos seus termos em 2023, 50 anos após sua assinatura e a "*depender do grau de amortização das dívidas contraídas*", como expressa o Artigo IV do referido Anexo (1973).

No que toca aos aspectos relacionados à produção, é importante considerar as alterações que foram sendo realizadas desde a primeira versão do projeto, datada do início dos anos 1970, que previa 14 unidades de geração e uma capacidade total instalada de 10,8 GW. Com o avanço das investigações de campo, se concluiu que seria possível ampliação da capacidade de geração para 12,6 GW em 18 unidades geradoras (Anexo B do Tratado), com possibilidade de chegar a 20 unidades totalizando 14 GW de capacidade instalada. Ao longo de 23 anos, esse plano foi sendo executado, tendo sua conclusão efetivada apenas no ano de 2006.

Apesar de possuir uma capacidade instalada de 14 GW, devido ao Acordo Tripartite (1979) e em função de ações de manutenção de equipamentos, opera apenas 18 turbinas de 700 MW simultaneamente (12,6 GW). A produção média nos últimos 15 anos (2007 a 2021),[14] foi de aproximadamente 90 mil GWh, isso corresponde a 10,4 GW médios, ou seja, um aproveitamento de 73% em relação a sua total capacidade instalada,[15] ou 81% se comparada com sua capacidade permitida.[16]

Tanto a hidrelétrica como a eletricidade produzida são propriedades do Brasil e do Paraguai, conforme expressa o Artigo XIII do Tratado de Itaipu, de 26 de abril de 1973:

> A energia produzida pelo aproveitamento hidrelétrico a que se refere o Artigo I será dividida em partes iguais entre os dois países, sendo reconhecido a cada um deles o direito de aquisição, na forma estabelecida no Artigo XIV, da energia que não seja utilizada pelo outro país para seu próprio consumo. Parágrafo Único – As Altas Partes Contratantes se comprometem a *adquirir*, conjunta ou separadamente na forma que acordarem, *o total de potência instalada*. [grifo nosso]

Como aludido na citação anterior, o Artigo XIV do referido Tratado estabelece os responsáveis pela aquisição da energia por ambos os países.

> A aquisição dos serviços de eletricidade da Itaipu será realizada pela Eletrobras e pela Ande, que também poderão fazê-la por intermédio das empresas ou entidades brasileiras ou paraguaias que indicarem.

---

[14] Período que a UHE de Itaipu começou a operar com 20 máquinas.

[15] Capacidade instalada máxima: 14 GW x 365 dias x 24 horas = 122.640 GWh.

[16] Capacidade permitida – dado pelo Acordo Tripartite: 12,6 GW x 365 dias x 24 horas = 110.376 GWh.

Em 37 anos de operação (1985 a 2022), de toda a energia produzida pela UHE Itaipu, o Brasil ficou com tudo que lhe é previsto (sua metade) e ainda comprou cerca de 83% da energia de direito do Paraguai, conforme apresentado no gráfico 1. A quantidade de energia que um país pretende utilizar deve ser declarada a cada ano, inclusive a quantidade que deseja ceder, conforme prevê o Item II "Condições de Suprimento" do Anexo C.

II.2 – Cada entidade, no exercício do seu direito à utilização da potência instalada, contratará com a Itaipu, por períodos de vinte anos, frações da potência instalada na central elétrica, em função de um cronograma de utilização que abrangerá este período e indicará, para cada ano, a potência a ser utilizada.

II.3 – Cada uma das entidades entregará à Itaipu o cronograma acima referido, dois anos antes da data prevista para a entrada em operação comercial da primeira unidade geradora da central elétrica e dois anos antes do término do primeiro e dos subsequentes contratos de vinte anos.

Gráfico 1: Destino da energia produzida por Itaipu (GWh).

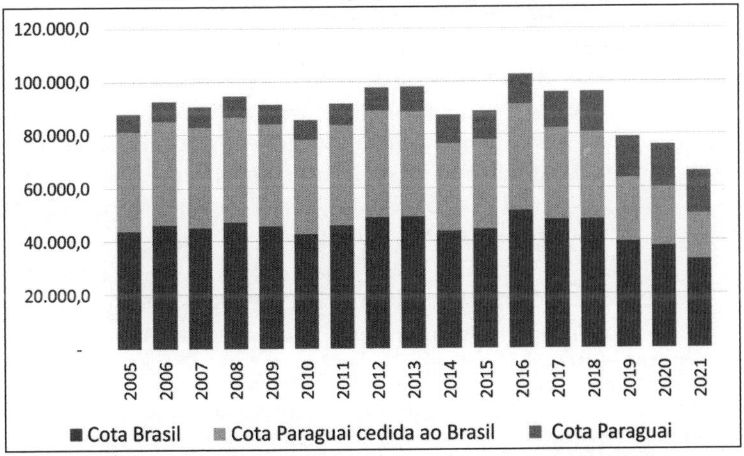

Fonte: Elaborado pelo autor a partir de Relatórios Institucionais de Itaipu Binacional (2005-2021).

A formação da tarifa de eletricidade da Itaipu Binacional

De acordo com o que está expresso no Artigo IV do Anexo C do Tratado, Itaipu deve auferir receita suficiente para cobrir seu custo de manutenção, serviços da dívida e amortização e demais encargos.

> IV.1 – A receita anual, decorrente dos contratos de prestação dos serviços de eletricidade, deverá ser igual, em cada ano, ao custo do serviço estabelecido neste Anexo.
>
> IV.2 – Este custo será distribuído proporcionalmente às potências contratadas[17] pelas entidades supridas.

O artigo III do Tratado define os itens que podem ser considerados:

> III.1 – O montante necessário para o pagamento, às partes que constituem a Itaipu, de *rendimentos* de doze por cento ao ano sobre sua participação *no capital integralizado* [...] [cem milhões de dólares na época de sua fundação];
>
> III.2 – O montante necessário para o pagamento dos *encargos financeiros dos empréstimos* recebidos.
>
> III.3 – O montante necessário para o pagamento da *amortização dos empréstimos* recebidos.
>
> III.4 – O montante necessário para o pagamento dos "*royalties*" às Altas Partes Contratantes, calculado no equivalente de seiscentos e cinquenta dólares dos Estados Unidos da América por gigawatt-hora, gerado e medido na central elétrica. Esse montante não poderá ser inferior, anualmente, a dezoito milhões de dólares dos Estados Unidos da América, à razão da metade para cada Alta Parte Contratante [...].
>
> III.5 – O montante necessário para o pagamento à Eletrobras e à Ande, em partes iguais, a título de ressarcimento de *encargos de administração e supervisão* relacionados com a Itaipu,

---

[17] O Tratado de Itaipu define *potência contratada* como a potência em quilowatts que a Itaipu colocará, permanentemente, à disposição da entidade compradora, nos períodos de tempo e nas condições dos respectivos contratos de compra e venda dos serviços de eletricidade (Brasil Congresso, 1973, p. 3).

calculados no equivalente de cinquenta dólares dos Estados Unidos da América por gigawatt-hora gerado e medido na central elétrica.

III.6 – O montante necessário para cobrir as *despesas de exploração*.

III.7 – O montante do saldo, positivo ou negativo, da conta de exploração do exercício anterior.

III.8 – O montante necessário à remuneração a uma das Altas Partes Contratantes, equivalente a trezentos dólares dos Estados Unidos da América, por gigawatt-hora cedido à outra Alta Parte Contratante. Esta remuneração se realizará mensalmente na moeda disponível pela Itaipu. (grifos do autor)

São para remunerar esses oito componentes que a tarifa de energia elétrica da Itaipu Binacional é calculada.[18]

Pagamento de rendimentos sobre o capital integralizado (III.1): trata-se da remuneração do capital social da empresa, valor à época mobilizado entre Brasil e Paraguai, no âmbito da criação de Itaipu, no valor de 100 milhões de dólares.

Amortização e serviços da dívida (item III.2 e III.3 do Anexo C do Tratado de Itaipu): Para construção e instalação dos equipamentos, foram contratados empréstimos de longo prazo, na modalidade conhecida nos dias de hoje como *Project finance*, quando o resultado do investimento ressarce os custos do empréstimo (juros e encargos) e a própria amortização. O prazo estipulado para o pagamento do valor principal contrata-

---

[18] Faz-se importante considerar também os mecanismos de reajuste dos itens que compõem o custo da tarifa de energia de Itaipu. Sobre os *royalties* (item III.4), ressarcimentos de encargos de administração e supervisão (item III.5) e remuneração por cessão de energia (item III.8) é aplicado um Fator Ajustado, derivado da multiplicação do Fator Original (FO – oriundo de Notas Reversais 3 e 4 publicadas entre os dois países em 1984) e o Fator de Ajuste (FA – índice de inflação média anual verificada nos Estados Unidos da América). Fator Ajustado – FA – utiliza os índices "Industrial Good's" e "Consumer Price's" como referência e publicados na revista *International Financial Statistics* (Itaipu Binacional, 2007, p. 39).

do foi 2023, ano em que o Tratado de Itaipu completa 50 anos, igualmente estabelecido no Artigo IV do Anexo C.

Ao longo dos anos, o orçamento foi sendo sistematicamente alterado. Dos 2 bilhões de dólares previstos em 1972, novos estudos realizados em 1974 apontavam a necessidade de se mobilizar 4,24 bilhões de dólares. Esse expressivo aumento foi justificado pela ampliação da capacidade instalada (de 10,8 GW para 12,6 GW), melhor conhecimento das condições do terreno e correção de pressões inflacionárias da época (Itaipu Binacional, 1975, p. 28). Contudo, ao longo dos anos 1970 até o início das operações comerciais (1984), Itaipu ficou ainda mais cara, cerca de 15,4 bilhões de dólares,[19] sendo 9,6 bilhões de dólares correspondentes aos investimentos diretos e 5,7 bilhões de dólares referentes a encargos financeiros durante a construção (Itaipu Binacional, 1986, p. 24).

Royalties (item III.4 do Anexo C do Tratado de Itaipu): Os *royalties* começaram a ser cobrados quando iniciou a comercialização de energia, em março de 1985. Pelo Tratado de Itaipu, para cada GWh de energia produzida pela UHE Itaipu, prevê-se que seja recolhido 650,00 dólares e que o montante desse valor não deve ser inferior a 18 milhões de dólares por ano. Essa compensação é uma forma de mútua remuneração pelo uso do potencial hidráulico do Rio Paraná para produção de energia elétrica, bem como de reparação das perdas em ambos países e os municípios atingidos.

---

[19] A fonte desses recursos era composta por empréstimos de bancos estatais e privados nacionais e também internacionais, entre eles J. P. Morgan Interfunding Corp., European Brazilian Bank, Citicorp International Bank, Deutsche Bank, Morgan Guaranty Trust Co. N. York, Swiss Bank Corporation, The Royal Bank of Canada, The Bank of Tokyo, Societé Génerale – França (Itaipu Binacional, 1985, p. 26).

Em função do aumento da produção de energia e da aplicação do Fator de Ajuste, a usina tem distribuído um valor bem superior ao previsto inicialmente. Ao longo de 37 anos de operação (1985 a 2021), Itaipu declara ter distribuído 12.717,3 bilhões de dólares, sendo 6.504,4 bilhões de dólares para o Brasil e 6.212,9 bilhões de dólares para o Paraguai, ou seja, 353,25 milhões de dólares por ano (Itaipu Binacional, 2022, p 53).

Ações de Operação e Manutenção contidas nos itens III.5 – O montante necessário para o pagamento à Eletrobras e à Ande e III.6 – O montante necessário para cobrir as despesas de exploração: sobre o pagamento da Eletrobras e Ande, a título de ressarcimento de encargos de administração e supervisão relacionados com a Itaipu, deveria pagar 50,00 dólares/GWh produzido, além dos diretos da produção. Ao longo desses anos de operação (1984 a 2021), Itaipu repassou para Eletrobras e Ande cerca de 2.071,7 bilhões de dólares.

O Tratado de Itaipu não estabelece o preço final da energia, mas afirma que sua operação deve garantir a remuneração de oito itens contidos, no Anexo C, alguns desses discriminados anteriormente. É a composição desses itens, exceto a remuneração por cessão de energia (item III.8), que constitui o preço da energia contratada. O Conselho de Administração da Itaipu Binacional tem autonomia para propor e decidir reajustes tarifários, de acordo com a evolução dos custos totais da empresa. O grande diferencial na política tarifária de Itaipu é que a tarifa do serviço de energia está vinculada à garantia física (kw) e não no resultado da produção (kwh), sendo esse mecanismo de contratação a principal garantia de pagamento de boa parte dos itens que compõem a tarifa. Para fins de informação, quando começou a comercializar em 1985, a tarifa de Itaipu era contratada por 10,00 dólares/kw e ao longo dos anos esse valor foi sendo reajustado até chegar em 2022 com uma tarifa de 22,60 dólares/kw.

Quadro 01: Interesses e forma de remuneração dos itens do Art. III do Anexo C do Tratado de Itaipu.

Itens do Art. III do Anexo C do Tratado de Itaipu	Condição de produção
III.1 – Rendimentos sobre capital integralizado	Independe
III.2 – Encargos financeiros dos empréstimos	Independe
III.3 – Amortização dos empréstimos.	Independe
III.4 – *Royalties*	US$ 650,00/GWh
III.5 – Encargos de administração e supervisão	US$ 50,00/GWh
III.6 – Cobrir as despesas de exploração	Independe
III.7 – Conta de exploração do ano anterior.	Independe
III.8 – Cessão de energia	US$ 300/GWh

Elaborado pelo autor.

Importante notar que todos os itens destinados à remuneração do capital financeiro têm seu retorno garantido, independente da produção de energia. Todos os itens que remuneram os Estados nacionais ou suas empresas dependem da produção. A engenharia financeira foi elaborada em termos que garantem a plena realização do capital financeiro, mesmo em condições adversas de produção.

A eletricidade produzida em Itaipu é consumida exclusivamente por Brasil e Paraguai. Cada uma das empresas responsáveis por Itaipu Binacional (Eletrobras e Ande) estabelecem cronogramas de aquisição de energia de 20 anos e esses devem contratar toda a potência da UHE Itaipu. Do lado brasileiro, a Lei n. 5.899/73 e o Decreto n. 4.550/02 definem que toda a energia proveniente de Itaipu deverá ser repassada para a região atendida por Furnas e Eletrosul.

A gestão da Itaipu Binacional

O Parecer L-208/79 da Consultoria Geral da República escrita pelo senhor Luiz Rafael Mayer qualifica Itaipu Binacional como "empresa juridicamente internacional [...] com vocação e a finalidade específica de desempenho de atividade industrial", "dotado de inequívoca natureza empresarial" (Reale, 1978, p. 09

e 11). A empresa Itaipu foi criada antes da usina (UHE Itaipu), sua principal fonte de renda. Na verdade, a constituição jurídica foi o que deu sustentação para iniciar a execução do projeto, como descreve o Artigo IV do anexo A:

> A Itaipu terá [...] capacidade jurídica, financeira e administrativa, e também responsabilidade técnica para estudar, projetar, dirigir e executar as obras que têm como objeto colocá-las em funcionamento e explorá-las, podendo, para tais efeitos, adquirir direitos e contrair obrigações.

Toda a composição da diretoria é compartilhada em poder equivalente entre ambos os países, inclusive a sede, sendo uma em Brasília e outra em Assunção. Como capital inicial, cada país, por intermédio de suas estatais responsáveis ENBPar[20] e Ande, dispôs a quantia de 50 milhões de dólares que, após integralizados, devem permanecer constantes, cabendo à Itaipu Binacional remunerar esse capital inicial a uma taxa de 12% ao ano mais Fator Ajustado (item III.1 do anexo C do Tratado). O Parágrafo 2º do Artigo XXIV do anexo A do Tratado estabelece o dólar estadunidense como moeda de referência para contabilização e operações.

Apesar de ser uma empresa de dois Estados, ambos não possuem competência a partir do marco institucional existente em cada país para geri-la ou fiscalizá-la. É um todo em si, como manifesta o Parecer L-208/79 da Consultoria Geral da República, que afirma:

> Itaipu somente está sujeita aos procedimentos de tutela representados em controles administrativos ou financeiros, de ordem externa ou interna, constantes das disposições pertinentes dos atos internacionais que a regem, não se lhe

---

[20] ENBPar é a estatal brasileira responsável pela Itaipu Binacional após as ações de privatização da Eletrobras em 2022.

aplicando as normas de direito interno, constitucionais ou administrativas, incidentes sobre agentes, entidades ou responsabilidades estritamente compreendidas no âmbito da jurisdição nacional. (Reale, 1978, p. 9)

Para fins de operação e gestão, a Itaipu Binacional em 2021 tinha cerca de 2.800 trabalhadores. Por ser uma empresa binacional, há um regime especial de trabalho, distinto dos dois países.

O papel do Estado em Itaipu

São pelo menos quatro as funções que o Estado cumpriu e cumpre em Itaipu: a de proprietário, de avalista e financiador, de construtor e de agente de mercado. Exerce essas funções por meio do e apoiado no poder político de promover ajustes jurídicos. A primeira função do Estado em Itaipu é ser proprietário. O Art. 1º do Anexo A do Tratado estabelece a Eletrobras e a Ande como tais.

A disposição dos dois Estados nacionais em fazer de Itaipu uma realidade foi realmente muito grande, o que resultou em um processo extremamente célere, mesmo se comparado aos dias atuais. Da criação da Comissão Mista Internacional à assinatura do Tratado de Itaipu e o início das obras, não foram necessários mais que cinco anos. No âmbito legal, o fato de ser "binacional" foi inovador e não fora acolhido em nenhuma forma estabelecida pela lei de ambos os países, sendo necessária a constituição de um marco legal específico que na prática iniciou com o Tratado de Itaipu e respectivos anexos, seu mais forte instrumento.

No âmbito jurídico institucional, houve uma grande disposição em ceder e negociar para constituir um ambiente juridicamente viável para a inserção desse empreendimento binacional na estrutura do Estado moderno (vide a quantidade de leis, decretos, notas diplomáticas etc., inclusive no âmbito internacional, com manifestações da ONU legislando sobre o tema). Durante toda a execução do projeto e direção nos dias atuais, à medida que problemas operacionais, políticos, financeiros, sociais foram surgindo, os Estados prontamente apresentavam soluções de toda ordem. Ao longo dos anos, uma série de complementações e ajustes foram necessários, e para tal fez-se uso de Notas Reversais ou Notas Diplomáticas.[21] Segundo o Deputado Rosinha (Brasil Congresso, 2009, p. 4), na história de Itaipu, foram 23 Notas Diplomáticas que estabeleceram uma série de ajustes e complementações no acordo original. O quadro 2 evidencia esse esforço jurídico institucional.

Quadro 2: Relação, em ordem cronológica, dos avanços jurídicos e institucionais que viabilizam a Itaipu Binacional.

Instrumento	Local e data	Avanços institucionais
Ata de Iguaçu	Foz do Iguaçu, 22 de junho de 1966	– Interesse comum em estudar o potencial hidrelétrico do rio Paraná, na divisa dos dois países. – Que a energia elétrica eventualmente produzida seria de propriedade paritária de ambos os países, sendo esses compradores preferenciais de eventual excedente. – Que seria estabelecido um preço justo para a energia comercializada entre os países. – Que seria estudado em conjunto com a Argentina a melhor forma de estabelecer qualquer empreendimento, com vistas à máxima exploração dos recursos hídricos da bacia do Prata. – Que os acertos e estudos para a demarcação definitiva da fronteira entre Brasil e Paraguai prosseguiriam.
Resolução 2995/72 da Organização das Nações Unidas	Nova York, 2 de outubro de 1972	– Reafirma-se o mútuo compromisso entre os países em respeito à Resolução 2.849/71 da Assembleia das Nações Unidas sobre o desenvolvimento e meio ambiente, itens 21 e 22 que versam sobre a soberania dos países na exploração dos recursos naturais de seus territórios, assim como as responsabilidades por qualquer dano social ou ambiental que tal atividade possa causar. – Reafirma-se a importância de que estudos e levantamentos técnicos para projetos de exploração de águas a montante sejam publicados sempre que necessário e de boa fé (Pereira, 1974, p. 140).

---

[21] Notas Reversais ou Notas Diplomáticas utilizadas para formalização de ajustes de comum acordo entre as Altas Partes. Geralmente, essas Notas são posteriormente sancionadas por meio de leis, decretos e decretos parlamentares em cada país, inserindo no escopo legal nacional os correspondentes ajustes.

Tratado de Itaipu	Brasília, 26 de abril de 1973	– Cria a empresa Binacional Itaipu, cujos controladores seriam a Eletrobras e a Ande (Anexo A).
	Brasília, 23 de maio de 1973	– Decreto Legislativo n. 23/1973 – Congresso brasileiro aprova os textos do Tratado de Itaipu.
	Assunção, 17 de julho de 1973	– Lei 389/1973 – o Congresso da República do Paraguai defere todos os documentos referentes ao Tratado.
Tratado de Itaipu – Notas Reversais	Brasília e Assunção, 26 de abril de 1973 (Dávalos, 2009, p. 521)	– NR 03: refere-se ao artigo VIII do Tratado e ao Artigo 6º do Anexo A, onde o empréstimo que o Brasil fez ao Paraguai de 50 milhões de dólares deverá ser remunerado a uma taxa de juros de 6% ao ano e tem como garantia o próprio equipamento.
		– NR 5: refere-se ao artigo XIII do Tratado e confere ao Brasil a responsabilidade de contratar toda a energia remanescente da Itaipu Binacional.
		– NR 6: refere-se aos Artigos XVII e XXII do Tratado que recomenda a escolha de um representante da diplomacia de cada uma das Altas Partes para responder por quaisquer desentendimentos.
		– NR 7: encaminha a distribuição dos cargos da Itaipu Binacional entre as Altas Partes.
		– NR 8: recomenda a Itaipu Binacional a construção de obras para a manutenção da navegação fluvial durante a construção da barragem.
Lei n. 5.899/73	Brasília, 5 de julho de 1973	– Define as responsabilidades brasileiras pela compra, transmissão e distribuição da energia elétrica fornecida pela Itaipu Binacional.
Decreto Presidencial n. 72.707/73	Brasília, 28 de agosto de 1973	– O presidente da República do Brasil promulga o Tratado de Itaipu.
Decreto n. 74.431/1974	Brasília, 19 de agosto de 1974	– Promulga o Protocolo sobre Relações de Trabalho e Previdência Social Brasil – Paraguai.
Notas reversais n. 03 e 04	28 de janeiro de 1986	– Multiplica progressivamente até 4 (fator de multiplicação) os valores originalmente estabelecidos no Tratado (ver anexo 03); – Estabelece também um fator anual de correção dos rendimentos, *royalties* e remuneração pela cessão de energia, que passaram a ser atualizados pela média ponderada de dois índices da inflação estadunidense (Cordeiro, 2009, p. 6).
Decreto Presidencial n. 4.550/02	Brasília, 27 de dezembro de 2002	– Qualifica a metodologia de distribuição da energia elétrica proveniente da Itaipu Binacional, contratada pela Eletrobras.
Notas Reversais	8 de dezembro de 2005	– Estabelece apenas para o item III.8 do Anexo C do Tratado – *royalties*, a elevação de 4 (quatro) para 5,1 (cinco inteiros e um décimo) o Fator Original (FO) de multiplicação, a partir de 01 de janeiro de 2006 (Itaipu Binacional, 2007, p. 39).

Lei Ordinária n. 11.480/07	Brasília, 30 de maio de 2007	– Retira o fator anual de reajuste (FA) dos saldos devedores da dívida da Itaipu Binacional com a Eletrobras e com a União (Dávalos, 2009, p. 183).
Decreto Presidencial n. 6.265/07	Brasília, 22 de novembro de 2007	– Ajusta o Decreto n. 4.550/02 sobre a distribuição da energia elétrica contratada pelo Brasil da Itaipu Binacional.
Resolução Normativa Aneel n. 331/08	Brasília, 16 de setembro de 2008	– Define as cotas da energia elétrica da Itaipu Binacional para as distribuidoras brasileiras para os anos de 2012 e 2013.
Resolução n. 3/09 do Conselho Nacional de Política Energética	Brasília, 3 de agosto de 2009	– Cria o grupo de trabalho no Ministério de Minas e Energia para tratar dos efeitos das mudanças no preço da cessão de energia paraguaia da Itaipu Binacional ao Brasil.
Decreto Presidencial n. 7.506	Brasília, 14 de maio de 2011	– Notas Reversais celebradas em 1º de setembro de 2009, o fator multiplicador da remuneração pela cessão de energia passa de 5,1 (cinco inteiros e um décimo) para 15,3 (quinze inteiros e três décimos) (Itaipu Binacional, 2012a, p. 48).
Lei nº 3.923	Assunção, 18 de novembro de 2009	
Decreto n. 10.791	Brasília, 10 de setembro de 2021	Cria a ENBPar, empresa estatal vinculada ao Ministério de Minas e Energia, que passa a ser a responsável pela gestão da fração brasileira de Itaipu.

Elaborado pelo autor.

No âmbito econômico, o Estado tem duas ações fundamentais: captação de recursos em âmbito internacional e avalista, atuando de duas formas: garantindo a contratação de toda a potência instalada e avalizando os empréstimos tomados para a construção do empreendimento e refinanciamento.

Itaipu também é peça fundamental no ambiente de produção de eletricidade em toda a região. Em especial ao Brasil, não apenas pela importante participação que ocupa no mercado nacional de eletricidade, mas pela localização estratégica, a jusante de uma longa cadeia de hidrelétricas que precisam operar de forma sincronizada (Figura 2), delegando a operação de Itaipu papel de destaque na otimização desse gigantesco parque hidrelétrico instalado na Bacia do Rio Paraná. Ao mesmo tempo, tal localização permite um aproveitamento extraordinário, de elevada produtividade. Como referência, podemos dividir as despesas operacionais que Itaipu teve ao longo de trinta e sete anos de operação pela quantidade de energia produzida no mesmo período, obtém-se um custo médio de 6,34 dólares/ MWh, ou 33,00 reais/MWh.[22] Para efeito de comparação, em 2022 a Aneel realizou leilão de energia (A-5/2022), quando o MWh foi comercializado por 248,00 reais.

O Estado também desempenhou ação determinante junto às populações atingidas na época da construção da hidrelétrica, sendo o principal agente repressor, como lembrou um dos técnicos de Itaipu responsável pela remoção das pessoas atingidas: "a segurança de Itaipu era muito respeitada", aspecto aprofundado no capítulo 3.

Entre os itens que compõem a tarifa da Itaipu Binacional, cabe ressaltar a ausência de tributação. Itaipu Binacional não paga tributos para ambos os países. Nem mesmo durante o processo de construção foi permitido aos países tributar qualquer material ou serviço que fosse utilizado em Itaipu.

---

[22] Cotação: 5,20 reais/dólar.

3. O MODELO DE ITAIPU BINACIONAL E O TERRITÓRIO DO CAPITAL

Esse capítulo tem por objetivo analisar algumas questões apresentadas sobre o projeto Itaipu, elementos muitas vezes mitificantes, aspectos do projeto e decisões tomadas que, *a priori*, remetem para o "inevitável", para o "natural". Também serão apresentados aspectos dos quais Itaipu representou inovações, inclusive adotados até os dias atuais no setor elétrico brasileiro. E, por fim, será apresentado o conjunto de exclusividades, aspectos legitimadores e privilégios carreados em Itaipu que foram conformando uma espécie de território do capital.

O atraso argentino no aproveitamento hidrelétrico do rio Paraná

Ao fazer o processo de revisão dos antecedentes históricos de Itaipu, é recorrente encontrar a afirmação de que Brasil e Paraguai não estavam sozinhos com relação aos planos de exploração da força das águas do Rio Paraná. Em especial, a Argentina vinha de muito tempo ventilando a possibilidade de exploração desses recursos, contudo, por força de uma alegada distância e de uma condição favorável à termoeletricidade, teria abandonado os planos hidroenergéticos, optando pela manutenção dos investimentos em fontes a carvão, gás e até nuclear.

É importante destacar que a intensificação da participação da indústria na economia argentina é anterior ao caso brasileiro. Já em 1954, a Argentina possuía 48% de sua força de trabalho empregada no setor industrial e de transporte, contra apenas 16,1% no Brasil (Pereira, 1974, p. 30).

Moniz Bandeira (1987, p. 18) fornece outras pistas sobre interesses divergentes no seio da matriz industrial argentina. Segundo o autor, no início do século XX, a Argentina obtinha 90% de seu suprimento elétrico de fontes térmicas e que empresas britânicas não apoiavam a ideia de expansão da oferta de energia de hidrelétricas, fazendo inclusive propaganda negativa no exterior com a finalidade de afastar a possibilidade de investimento externo em hidroeletricidade. Pereira (1974, p. 25) cita o senador brasileiro Arnon de Melo que reforça a ideia da "vocação" argentina para a expansão termelétrica: "Argentina não realizou qualquer obra ali [Bacia do Rio Paraná], porque possuindo petróleo e urânio em seu território e estando suas quedas d'água distantes de Buenos Aires, optava pelas termelétricas".

Com relação à distância, é importante lembrar que a UHE Itaipu fica a aproximadamente 850 km de São Paulo, o mesmo que a UHE Yacyretá[1] está de Buenos Aires. Por que então o Rio Paraná estava longe para os argentinos e perto para os brasileiros? Gonçalves Junior (2002, p. 105), ao analisar o processo de recuperação da indústria elétrica nos países centrais no pós-Segunda Guerra, afirma que alguns países

---

[1] Yacyretá: hidrelétrica binacional no Rio Paraná, a jusante da UHE Itaipu, entre Paraguai e Argentina.

tiveram dificuldades de modernizar os sistemas de suprimento de energia elétrica pelo fato de não estarem amortizados. A modernização nesse caso era a substituição de equipamentos de geração de força de base térmica (motores a combustão, por exemplo) para o uso de equipamentos a base de eletricidade. O processo de substituição do parque industrial aumenta a quantidade de capital constante (trabalho morto), afetando diretamente a taxa de lucro das empresas. Para o autor, as empresas viveram uma fase de conflito nesse período, tendo que escolher entre a obsolescência (diminuição da eficiência produtiva) e a diminuição da taxa de lucro pela renovação do parque gerador e consequente aumento do capital constante. No caso argentino, uma mudança significativa para fontes hidráulicas ameaçaria o lucro médio geral obtido pela indústria térmica. Assim, o setor elétrico argentino, monopolizado pela indústria de eletricidade de origem térmica, escolheu a primeira opção: manutenção da exploração do parque térmico em detrimento de investimentos em fontes hidráulicas. O fato de o Brasil ter se industrializado após a Argentina lhe conferiu uma vantagem, permitindo o estabelecimento da tecnologia mais avançada para a época, as fontes eletro-hidráulicas. Quer dizer, foi uma diferença no grau de desenvolvimento entre Brasil e Argentina que deu ao primeiro condições de iniciar o processo de expansão elétrica em bases hidráulicas.

Um alagamento para a paz (?)

Desde o Tratado de Limites assinado entre os dois países após o fim da Guerra do Paraguai em 1872, havia um contencioso sobre a real fronteira entre os dois países, na altura da serra do Maracaju, entre o estado de Mato Grosso do Sul, do lado brasileiro e o Paraguai. O Tratado de Limites de 1872 afirma, em seu Artigo 1º:

> O território do Império do Brasil divide-se com a República do Paraguay pelo álveo do rio Paraná, desde onde começam as possessões brasileiras na foz do Iguassú até o Salto Grande das Sete Quedas do mesmo rio Paraná; Do Salto Grande das Sete Quedas continua a linha divisória pelo mais alto da Serra de Maracaju até onde ela finda [...]. (Yacubian, 2007, p. 1)

Segundo Yacubian (2007, p. 2-3), para o governo paraguaio, o "mais alto da Serra do Maracaju" seria o ramal setentrional do trecho, e não o meridional reivindicado pelo Brasil. Contudo, a linha paraguaia setentrional terminaria a montante da 1ª Queda, num remanso a montante, cerca de 2 km do Salto Grande. O fato é que havia uma clara possibilidade de dupla interpretação, onde duas linhas de montanhas, uma ao norte e outra mais ao sul, faziam com que ambos os países defendessem o mais conveniente.

Em junho de 1965, um destacamento do exército brasileiro se instalou na comunidade de Porto Coronel Renato, justamente na área reivindicada pelo Paraguai. Essa ocupação repercutiu nos dois governos levando, em 22 e 23 de junho de 1966, à assinatura da Ata de Iguaçu (Anexo 06). Alguns autores chegam a mencionar que a opção por Itaipu resolveu dois problemas com uma única ação: o da energia e o da fronteira:

> prevaleceu a inteligência política e o Brasil e o Paraguai, amparados pelas regras universais e aceitas do direito fluvial, tiveram a rara capacidade de juntos transformarem o que seria uma dificuldade [definição da fronteira] em uma vantajosa oportunidade para ambos, a construção da Usina de Itaipu. (Sória, 2012, p. 58)

Ou nas palavras do chanceler brasileiro na época, Mario Gibson Barboza, "o território em litígio forçosamente seria coberto pelas águas da represa, eliminando-se, assim, o objeto mesmo da disputa" (Sória, 2012, p. 66, *apud* Barbosa, 1996).

Sobre a tese da importância de Itaipu para a solução de problemas de fronteira, alguns comentários se fazem importantes. Observa-se que até 1966 os dois países não acordavam nem mesmo confiavam na ideia de fazer uma reunião de dois dias em um mesmo país. Como explicar que repentinamente estão dispostos a construir a maior hidrelétrica do mundo?

Primeiro, é importante notar que o processo da definição da fronteira foi retomado nas circunstâncias do interesse brasileiro em explorar as águas do Rio Paraná, em 1962, "quando se iniciavam os trabalhos preliminares, pelo Brasil, para aproveitamento hidrelétrico na região de Sete Quedas" (Yacubian, 2007, p. 2). Essa afirmação contrapõe a reiterada tese de que Itaipu teria sido uma saída neutra e diplomática para o conflito fronteiriço.

> Em uma reunião entre o chanceler Gibson Barboza e o ministro das relações exteriores Raul Sapena Pastor, o Brasil propõe a construção de uma grande usina, que traria enormes benefícios para ambos os países, e possivelmente alagaria a região na qual havia a discussão acerca das fronteiras. (Lopes; Porto, 2013, p. 10)

Um segundo ponto importante trata dos instrumentos constituídos para a solução do imbróglio fronteiriço. Na Ata de Iguaçu ou Ata das Cataratas (1966), por exemplo, o tema da fronteira pouco é mencionado. Trata essencialmente da mútua

> disposição de seus respectivos governos de proceder, de comum acordo, ao estudo e levantamento das possibilidades econômicas, em particular os recursos hidráulicos pertencentes em condomínio aos dois países, do Salto Grande de Sete Quedas ou Salto de Guairá. (Artigo III da Ata do Iguaçu)

Ainda sobre o tema da fronteira, os termos do Tratado de Itaipu (1973) tampouco ousam regulamentar sobre essa indefinição:

As instalações destinadas à produção de energia elétrica e obras auxiliares não produzirão variação alguma nos limites entre os dois países estabelecidos nos Tratados vigentes.

Parágrafo 1º – As instalações e obras realizadas em cumprimento do presente Tratado não conferirão, a nenhuma das Altas Partes Contratantes, direito de propriedade ou de jurisdição sobre qualquer parte do território da outra. (Tratado de Itaipu, Artigo VII, 1973)

O que realmente estava em disputa não era a propriedade do território em si, e sim a propriedade do território que daria direito à propriedade da energia. No Tratado, a relação da fronteira e do território é totalmente subordinado ao interesse primeiro de exploração da energia. Inclusive, a área em litígio (a localidade de Porto Coronel Renato), além de não ter sido totalmente inundada pelo lago de Itaipu, é hoje patrimônio da Itaipu Binacional, transformado em refúgio biológico em 27/06/1984, conforme Resolução da Diretoria Executiva de Itaipu (RDE – 051) e conta com área de 1.356,51 hectares (ha). Esse seria um terceiro e último ponto a se notar no tocante ao conflito fronteiriço. Segundo Yacubian (2007, p. 5), o que foi inundado pelo lago de Itaipu foram "as Sete Quedas e apenas 20% da Serra do Maracaju". Ou seja, a afirmação de que Itaipu seria uma forma de pôr embaixo d'água desentendimentos fronteiriços não se aplica. A área litigiosa continua indefinida. É relevante nesse ponto notar como indefinições históricas entre os dois países foram utilizadas como justificativas para a necessidade de Itaipu. A figura 5 ilustra a localização da área do refúgio biológico do Maracaju.

Figura 5: Refúgio biológico do Maracaju: área verde localizada à esquerda na imagem na divisa entre Brasil e Paraguai, entre os municípios de Salto del Guairá (Paraguai) e Mundo Novo (Brasil)

(Elaborado pelo autor a partir de imagens do Google Earth – acesso em 20/09/2013).

A racionalidade da localização de Itaipu

O local escolhido para instalação da UHE Itaipu é realmente muito favorável para a produção de energia elétrica, alcançando quase o dobro da eficiência produtiva em relação a outras hidrelétricas brasileiras. Claro que, como explicado no capítulo um, isso não se deve apenas ao local específico da instalação do barramento, mas devido ao complexo encadeamento de barragens a montante (Figura 5). A questão a ser refletida aqui não está relacionada apenas à capacidade física que o local escolhido tem ou não para a produção de eletricidade, mas apontar interesses não puramente técnicos da engenharia civil e elétrica que poderiam ter influenciado na decisão, bem como as consequências sobre a escolha do local no conjunto do projeto.

Vale lembrar que do manifesto interesse capitaneado pelo Brasil, de 1952 até 1966, os projetos pretendidos para exploração do Rio Paraná eram apenas nacionais. Projetos anteriores ao de Itaipu, como as hidrelétricas de Guairá ou Paranáyara, previstas totalmente em território nacional, com uma potência estimada de até 10 GW. Em particular para o Brasil, uma quantidade bem superior aos 7 GW que possui de direito com Itaipu.

Foi na Ata do Iguaçu ou Ata das Cataratas (1966) que a possibilidade de exploração em condomínio das águas do Rio Paraná foi apresentada pela primeira vez. No Brasil, em 1964, setores conservadores representados pelas Forças Armadas impõem um golpe de Estado. Dessa nova fase, dois elementos devem ser destacados: o forte alinhamento com os Estados Unidos da América e a aplicação de políticas de endividamento para o desenvolvimento – receita para a recuperação econômica.

A partir de então o projeto para exploração hidroenergética do Rio Paraná foi alterado. Na prática, aquele esforço nacional brasileiro representado pela CBPIU foi substituído por um consórcio internacional contratado pela Comissão Internacional Mista Técnica que recomendou a instalação justamente (e apenas) no trecho contíguo do Rio Paraná, entre Brasil e Paraguai. Tal opção foi determinante para a definição do restante do projeto, principalmente do ponto de vista jurídico e econômico.

Do ponto de vista jurídico, foi constituída uma empresa binacional, algo inédito no conjunto da legislação brasileira e paraguaia, o que exigiu e exige um tratamento distinto para Itaipu. A legislação de ambos os países não afeta diretamente Itaipu, ao contrário, foram os Estados nacionais envolvidos que tiveram que adaptar suas leis para acolher Itaipu, que opera com plena autonomia jurídica de ambos os países e nem mesmo os órgãos nacionais de controle de contas têm autoridade para atuar.

Pelo lado econômico, a partir dos anos 1970, "alterou-se de forma significativa o perfil de financiamento do setor de energia elétrica, que passou a apoiar-se preferencialmente em empréstimos externos, em detrimento de recursos gerados pelo próprio setor" (Lima, 1995a, p. 90 a*pud* Souza, 2002, p. 28). Para tanto, o capital financeiro exigiu a instituição das melhores condições de rentabilidade, segurança e autonomia para os investimentos e o caráter binacional de Itaipu proporcionou um rol imenso de exclusividades (alcançando inclusive a moeda, que não é nem a brasileira nem a paraguaia). Não apenas a dívida tem referência no dólar, mas todos os custos de gerenciamento interno, tarifa de energia, investimentos, *royalties*, pagamento de trabalhadores etc. Os índices de reajuste têm referência na condição de inflação e política de juros do Banco Central estadunidense (até 2007 principalmente).

Com relação à necessidade de produção de eletricidade, nem o Brasil muito menos o Paraguai precisavam justamente de Itaipu. Apesar da crise de abastecimento nos anos 1960, até os dias de hoje, o Brasil explorou menos da metade do potencial hidrelétrico disponível. Em entrevista concedida na época, o Engenheiro Marcondes Ferraz, ao defender o projeto da hidrelétrica de Guaíra (em vez de Itaipu), afirmava que "o Brasil não precisava ceder ao Paraguai, pois tinha todos os trunfos: *know how*, o dinheiro e a capacidade para buscar mais dinheiro [...] e o que era mais importante, o mercado" (Centro da memória da eletricidade do Brasil, 1993, p. 168 *apud* Souza, 2002, p. 39).

O desafio técnico de turbinar toda a água do Rio Paraná em um único empreendimento e naquele local só pode ter sido imaginado pela engenharia, porque havia capital disponível nos países centrais na década de 1970. São as condições objetivas que permitem o desenvolvimento de condições subjetivas (Fernandes, 1980, p. 2). Gonçalves Junior (2007, p. 147) lembra ainda que desde a grande crise mundial de 1929, a indústria de eletricidade trabalha de forma coordenada em todo o mundo, como cartel. Sua representação oficial é a International Electrical Association (IEA), "coordenando todas as operações, indicaria [indicando] então a que empresa caberia a vez de atender à encomenda e o valor a cobrar" (Mirow, 1979, p. 50, *apud* Gonçalves Junior, 2007, p. 147). Entre as 13 associadas, pelo menos quatro forneceram equipamentos para Itaipu, entre elas AG Brown Boveri & Cia, Indústria Mecânica Brown Boveri S. A., J. M. Voith GmbH, Neyrpic, Siemens Aktiengesellschachat, Siemens S. A., Voith S. A. Máquinas e Equipamentos.

O território de Itaipu foi sendo assim definido, criando um ambiente extremamente seguro para o capital financeiro e industrial em âmbito internacional, subordinando não apenas interesses do Paraguai como também brasileiros.

As inovações carreadas por Itaipu

Pelas dimensões do projeto e pelo período em que foi constituído, Itaipu exigiu uma série de inovações tecnológicas para a indústria de eletricidade brasileira e paraguaia, bem como para o processo de integração energética regional. É importante destacar que a primeira grande inovação de Itaipu foi o próprio Tratado, que em seguida orientou a construção do Tratado de Yacyretá, assinado em dezembro de 1973 entre Paraguai e Argentina e apresenta uma base legal muito semelhante a que foi construída em Itaipu.

Uma política de compensação pelo uso dos recursos naturais

Outra inovação construída em Itaipu foi a política de *royalties*, que destina uma quantidade importante de valor da tarifa, conforme afirma o parágrafo 1º do Artigo XV do Tratado:

"A Itaipu pagará às Altas Partes Contratantes, em montantes iguais, *royalties* em razão da utilização do potencial hidráulico". Itaipu inaugurou, no contexto da legislação brasileira, a política de compensação financeira pelo uso dos recursos hídricos. Segundo Gustavo Codas em entrevista ao autor,[2] a constituição da política de *royalties* foi alcançada por exigência do Paraguai, que via a ameaça de não ter qualquer tipo de renda com Itaipu até a revisão do contrato, ou seja, em 2023. Já que grande parte do resultado de Itaipu seria apropriada pelo capital financeiro, os *royalties* foram o mecanismo criado para de alguma forma remunerar ambos os Estados.

No Paraguai, os recursos dos *royalties* são repassados integralmente ao Ministerio de Hacienda. No Brasil, os *royalties* de Itaipu são incorporados na política de Compensação Financeira pelo Uso dos Recursos Hídricos (CFURH), dado pela Lei n. 7.990 de 1989, que define a distribuição do valor arrecadado da seguinte forma: 25% aos Estados, 65% aos municípios e 10% para os órgãos federais (Itaipu Binacional, 2012, p. 33).

A CFURH consiste na aplicação da Tarifa Atualizada de Referência (TAR)[3] sobre 7% da energia gerada. Se esse critério fosse adotado por Itaipu, no ano de 2021 o valor arrecadado seria de apenas R$ 353 milhões de reais, muito distante dos R$ 2,1 bilhões[4] arrecadados para Brasil e Paraguai no ano de 2021.

Dentro da composição das despesas de Itaipu, os *royalties* correspondem a cerca de 12,4% dos custos de Itaipu. No Brasil, Itaipu é responsável por cerca de 20% do total de contribuição arrecadada do setor elétrico.

---

[2]   Em entrevista ao autor em 19/09/2013.

[3]   TAR 2021 = R$ 76,00/MWh – valor definido pela Agência Nacional de Energia Elétrica (ANEEL).

[4]   Câmbio de 5,20 reais/dólar.

Project finance *e a comercialização de energia*

A engenharia financeira da Itaipu Binacional foi pensada a partir do conceito de *Project Finance*, "maneira de levantar recursos para financiar um projeto de investimento de capital que tenha como característica básica a capacidade de operar lucrativamente como uma entidade econômica independente" (Brandão e Lima, 2013, p. 4). Segundo Brandão e Lima, a principal diferença desse tipo de relação financeira está no interesse dos "patrocinadores [em] aceitar ganhar menos em troca de um menor risco e os compradores se comprometem com determinados níveis de compra, em compensação pagam menos pelos produtos" (2013, p. 18). Esse arranjo tem outras características importantes, como a necessidade de todos os envolvidos assumirem os riscos do empreendimento conjuntamente. Seria a forma, como lembrou Codas,[5] de construir Itaipu sem que ambos os países tivessem que desembolsar qualquer investimento.

Outro movimento da engenharia financeira expressa no Tratado de Itaipu é a garantia da contratação de toda a potência instalada, por meio de suas empresas proprietárias, até o quinquagésimo ano (2023). Esse arranjo jurídico e econômico é o principal mecanismo de garantia das operações financeiras desenvolvidas pela Itaipu Binacional, e o principal fiador dessa operação foram as populações do Paraguai e do Brasil.

Essa combinação de financiamento com longo prazo de amortização e remuneração da tarifa de energia por meio da totalidade da potência garantida, sustentado por milhões de fiadores ao longo de décadas, são as bases da engenharia financeira desenvolvida em Itaipu e a base da atual política de concessões de potenciais hidráulicos realizadas pelo governo brasileiro desde 1995, por intermédio da Lei n. 8.987/95,

---

[5]   Em entrevista ao autor em 19/09/2013.

aperfeiçoada em 2004 por meio da Lei n. 10.848/04. O Estado assume a organização do processo de expansão do setor elétrico, bem como a garantia de remuneração de empreendimentos privados, por meio da contratação, pelos agentes distribuidores, de pelo menos 70% da energia a ser produzida por agentes produtores.

As ações de legitimação de Itaipu

Não apenas em recordes está sustentada a representação de Itaipu. Uma série de elementos imateriais constroem uma apropriação positiva na sociedade, tentando ocultar os conflitos e contradições implícitos no projeto. Esse trabalho de legitimação é feito diretamente pela empresa, seja por meio de autoafirmações ou na publicação de afirmações positivas de terceiros sobre o projeto e a empresa. Da sua parte, Itaipu trata de ecoar aquela legitimação que melhor representa seus interesses.

> Modelo admirável de cooperação internacional, do qual por muitos títulos podemos nos envaidecer. (Reale, 1974, p. 34)
> Coroando vitoriosamente a batalha diplomática travada pelo Brasil em torno da polêmica tese da exploração de recursos naturais compartilhados por mais de um país [...]. (Frontini, 1974, p. 38)
> Itaipu assombra por sua gigantesca expressão material, mas também assombra como façanha do espírito e da tenacidade humana. Aqui não se levanta apenas um prodígio da ciência e tecnologia. Aqui se levanta o testemunho de uma forte capacidade realizadora que, com a ajuda de Deus, e a força de talento, idoneidade, trabalho, e abnegação, supera todos os obstáculos. (relatório de Itaipu Binacional, 1982, *apud* Souza, 2002, p. 51)

> O lago de Itaipu representa o nascimento de uma nova vida na região oeste do Paraná. Uma vida muito saudável e muito feliz, baseada num impulso chamado Itaipu. (Canal de Aproximação, 1988, *apud* Souza, 2002, p. 137)
>
> Divulgação de elogios de autoridades:
> Já visitei 72 países, e não tinha visto algo tão fantástico. (presidente da Hungria, Árpád Göncz – *Jornal de Itaipu*, 1997, p. 12, *apud* Souza, 2002, p. 52)
> Itaipu é um exemplo fantástico de uma obra pacífica e construtiva. (Helmut Kohl, Chanceler alemão, 23/10/92, *Jornal de Itaipu*, 1997, *apud* Souza, 2002, p. 52)
> Itaipu é inspiradora. É um grande tributo ao talento brasileiro e à habilidade da engenharia. Um tributo ainda maior ao espírito humano. (Henry Kissinger, Secretário de Estado, EUA, 15/09/1984, *Jornal de Itaipu*, 1997, *apud* Souza, 2002, p. 53)

Toda essa propaganda cumpre um papel de legitimação de Itaipu no âmbito nacional e internacional e é feita de maneira tão incisiva que minimizam a repercussão negativa à sua imagem. Há também uma série de outros mecanismos locais de representação de Itaipu organicamente inseridos na dinâmica sócio-política da região, sendo o principal deles o mecanismo de distribuição de *royalties*. Seu território de influência é prioritariamente os municípios atingidos pela obra, denominados de municípios lindeiros, sendo 16 do lado brasileiro e oito do lado paraguaio.

Itaipu e a formação do território do capital

Itaipu Binacional iniciou a contratação de empréstimos em 1975 e somente em 1991 teve a 18ª turbina instalada. Nesses

18 anos declara ter tomado emprestado 27 bilhões de dólares (Itaipu Binacional, 2012c, p. 32). Esses recursos teriam sido utilizados para pagamento das obras de infraestrutura e parte dos serviços da dívida até então.

Contudo, o valor do desembolso realizado pela empresa até 2021 é bem superior. De acordo com relatórios anuais, entre 1984 e 2021 Itaipu declara ter pago cerca de 32 bilhões de dólares para fins de amortização e 38,7 bilhões de dólares para pagamento de juros e serviços da dívida. Em síntese, uma obra inicialmente orçada em 2 bilhões de dólares, que declarava ter custado cerca de 15,3 bilhões de dólares à época de sua inauguração e que ao longo de 37 anos de operação pagou aproximadamente 70,7 bilhões de dólares. Incluindo os demais itens previstos no Anexo C, pode-se identificar o destino da riqueza produzida por Itaipu ao longo de período de operação (1985 a 2021):

Tabela 01: Distribuição da riqueza produzida em Itaipu.

Item de despesa (Anexo C)	USD (milhões)	%
III.1 – Rendimentos sobre o capital integralizado.	1.091,4	1,06
III.2 – Encargos financeiros dos empréstimos recebidos.	38.787,5	37,83
III.3 – Amortização dos empréstimos recebidos.	32.012,7	31,22
III.4 – *Royalties*	12.717,3	12,40
III.5 e II.6 – Despesas de exploração.	17.933,7	17,49
Total	102.549,6	

Fonte: Relatórios Anuais Itaipu Binacional (1985 a 2022)

É importante destacar que, do total da riqueza produzida nesses anos de operação de Itaipu, 70% foram destinados ao pagamento da amortização e serviços da dívida. Entre os principais fatores que fazem a dívida de Itaipu ser tão expressiva, segundo relatórios da própria empresa, estão os aumentos substanciais nos custos durante a construção e custos não previstos no projeto, como indenizações aos proprietários e obras complementares.

Outra questão importante que deve ser considerada é a própria motivação pela escolha de Itaipu. Havia na época das negociações uma condição internacional muito favorável para a tomada de empréstimos no exterior. Itaipu foi concebida apenas e somente diante da perspectiva de se conseguir tomar muito recurso emprestado. Como apresentado no primeiro capítulo, não se imaginava a possibilidade do "projeto Itaipu" sem a clara sinalização do capital financeiro internacional. Por esse motivo, pode-se afirmar que Itaipu foi feita para dever. Codas (2013) lembra que a propaganda era *"construir a maior hidrelétrica do mundo sem desembolso de nenhum dos países"*[6] e isso também agradava investidores estrangeiros ávidos por rendas nos países do sul.

Outro motivo alegado para a evolução da dívida da Itaipu Binacional está relacionado à pouca transparência com que os governos militares de Brasil e Paraguai conduziram o processo de construção da usina. Segundo Canese (2011), empresários brasileiros e paraguaios encarregados da construção de Itaipu criaram condições muito favoráveis para o uso inadequado dos recursos destinados ao projeto. Swtikes (2001, s.p.) analisa de forma breve como se davam essas operações:

> Fornecedores de equipamentos e consultores de engenharia de Tóquio e Oslo traficavam seus serviços, passando envelopes fechados para funcionários públicos como apreciação pela sua cooperação. A Barragem Yacyretá causou uma dívida de US$ 10 bilhões e a de Itaipu, US$ 20 bilhões. Pelo menos 40% da enorme dívida externa brasileira foi acumulada por investimentos do setor elétrico. Os ditadores provavelmente sabiam que eles não estariam no poder quando as contas vencessem.

---

[6] Gustavo Codas em entrevista ao autor em 19/09/2013.

Outro componente importante para a evolução da dívida de Itaipu está relacionado ao padrão de remuneração do capital emprestado. Como os recursos eram do capital financeiro internacional, foi assegurado aos credores um padrão de remuneração internacional, assim como mecanismos de atualização inflacionários. Com as fortes oscilações econômicas no âmbito internacional causadas pelas crises econômicas dos anos 1970 e 1980, os EUA aumentaram sua taxa de juro causando uma explosão no saldo devedor de Itaipu. Quando contratado os empréstimos, em 1975, Itaipu Binacional pagava 7,85% ao ano. Em 1981 esse índice subiu para 18,69%. Segundo Pinto (2009, p. 158), a partir de 1997, a Eletrobras recontratou grande parte da dívida com juros fixos em contratos de longo prazo até sua liquidação, sendo uma parte da dívida com juros de 4,1% ao ano, outra parte com juros de 7,5% ao ano e um terceiro bloco com juros de 4,1% ao ano, sendo os dois últimos com vencimento em 2023.

A não aplicação das regras do Anexo C por um longo período também foi fonte de (re)endividamento. No início das operações, Itaipu tinha uma baixa capacidade instalada e um volume grande de custos derivados principalmente de juros e serviço da dívida. Segundo Itaipu Binacional (*apud* Canese, 2011, p. 182), caso as regras do Anexo C tivessem sido aplicadas integralmente, haveria um aumento na tarifa de energia de 71%, principalmente nas regiões sul e sudeste do Brasil: *"as alterações na ordem econômica do Brasil tornaram inviáveis a transferência desse do custo unitário de serviço"*. Assim, de 1985 até início de 1987, a tarifa foi definida a 10,0 dólares/kW, e não 17,1 dólares/kW, caso fossem aplicadas as regras do Anexo C do Tratado. O autor complementa afirmando que esse rebaixamento do valor da tarifa gerou um déficit nas contas da Itaipu Binacional no valor de 4,193 bilhões de dólares ao final de 1996. Esse montante de valor não pago é denominado pela Alianza Patriótica para el Cambio (APC), movimento paraguaio em defesa da soberania hidrelétrica, de "dívida espúria".

Ao final dessa parte, é importante considerar que todas as questões relacionadas ao aumento do montante de valor mobilizado agradaram aos setores rentistas, independentemente se a origem é lícita, legítima ou mesmo necessária, desde que esteja devidamente sustentada por um mecanismo consistente de liquidação, como é o caso de Itaipu.

A formação do território por espoliação

No Brasil, a UHE Itaipu atinge os estados do Paraná e Mato Grosso do Sul, e do lado paraguaio atinge as províncias de Alto Paraná e Canindeyu. No início dos anos 1970, tanto o oeste do estado brasileiro do Paraná como o Paraguai tinham uma ocupação humana em expansão, principalmente por filhos de imigrantes alemães, italianos e poloneses oriundos do sul do Brasil (Santa Catarina e Rio Grande do Sul), migrantes do sudeste (Espírito Santo, Minas Gerais) e do nordeste brasileiro, que expulsos pela seca e pelo avanço do latifúndio eram atraídos por "gatos"[7] que agenciavam trabalho em lavouras da região, seja na forma de empregados, seja na forma de parceria (Germani, 2003, p. 25). Segundo Moniz Bandeira (1987, p. 59), a emigração intensificou-se depois que o governo Stroessner entrou em acordo com o Brasil para a construção de Itaipu e, em 1967, anulou a lei que proibia a venda de terras a estrangeiros em uma faixa de 150 km de distância da fronteira.

O processo incentivado de intrusão dessa região, seja de migrantes brasileiros, seja por Itaipu, encontrava forte presença

---

[7] Gatos: agentes que atuam no recrutamento e migração de trabalhadores entre regiões.

de povos indígenas, nações que ancestralmente viviam e cultivavam vastos territórios.

> Os dados históricos, arqueológicos, linguísticos e antropológicos não deixam dúvidas a respeito do fato de que Itaipu se instalou sobre parte de um amplo território histórico dos guaranis, situado nas margens direita e esquerda do rio Paraná e seus afluentes, tanto do lado que se convencionou chamar de Brasil quanto daquele a que se atribuiu o nome de Paraguai. (MPU, 2019, p. 126)

A única proposta que esse ciclo modernizante fez a essas comunidades foi acolhê-las de forma subalterna, por meio da exploração da força de trabalho. Aquelas comunidades que ofereceram resistência foram em sua maioria expulsas dessa região. Estudos recentes apontam que na época da construção de Itaipu havia pelo menos 36 comunidades do lado paraguaio e 32 do lado brasileiro (MPU, 2019; Associación, 2021, p. 19).

Segundo Germani (2003, p. 59), os residentes na área a ser alagada tinham ao menos três formas de estabelecimento: proprietários devidamente registrados, posseiros parceiros e arrendatários; não esquecendo que em cada uma dessas três classes havia muitas variações. O principal critério de relacionamento adotado por Itaipu com os atingidos foi o de classe. A forma jurídica de propriedade definiu em que condições Itaipu se relacionou com os atingidos. Com os primeiros, Itaipu estabelecia uma relação de igualdade entre proprietários juridicamente reconhecidos. Aos demais, Itaipu não reconhecia a posse da terra, indenizando apenas parte das benfeitorias e instalações da propriedade.

É importante considerar que esse período de remoção das famílias e comunidades "coincidiu" com o período mais violento da ditadura militar brasileira, justamente na vigência do Ato Institucional n. 5 (AI5, 1968-1978). Essa atmosfera violenta intimidava as reações populares e ao mesmo tempo empoderava os agentes responsáveis pela desocupação da área.

> Pode-se observar, no decorrer do processo de desapropriação, que Itaipu e os jagunços são a mesma coisa. Os jagunços de Capanema ou mesmo da própria 'área de conflito' eram agentes de uma determinada forma e etapa do capital. Itaipu é um jagunço moderno, de terno e gravata e helicóptero; o outro era um jagunço de trabuco. Mas ambos são personificação do capital e da propriedade privada da terra. (Germani, 2003, p. 58)

Esse padrão de relacionamento de Itaipu com os atingidos pela barragem é identificado por Vainer (2013, p. 2) dentro da concepção "territorial patrimonialista: o atingido é o proprietário". Segundo o autor, nessa concepção é admitido um único impacto – o da propriedade privada. O reconhecimento apenas da forma jurídica formal de propriedade foi a primeira ação de exclusão da população residente. A segunda ação de exclusão se deu por meio do pagamento. Segundo Germani (2003), Itaipu utilizava parâmetros de indenização que não ressarciam completamente as benfeitorias e instalações de ambos os tipos de proprietários e para aqueles que possuíam título da terra, o valor proposto era insuficiente para a compra de imóvel em condições parecidas de produção. Era oferecida, aproximadamente, a metade do preço de mercado. Esses dois "mecanismos" permitiram que Itaipu se apropriasse da terra dos proprietários informais (camponeses, ribeirinhos, comunidades indígenas) e de parte do valor das propriedades formais. É importante notar que esse processo não se deu ao acaso. Era parte de uma política de Estado planejada e aplicada por meio de mecanismos utilizados por Itaipu para apropriação da terra.[8] A seguir, relacionam-se alguns deles:

- propaganda, convencendo todas os atingidos de que tudo seria feito pelo bem deles;
- negociação individual e morosidade, aumentando na população a expectativa com relação ao desfecho;
- continuação das obras de barramento, mecanismo de pressão psicológica e fragilização da negociação;
- ausência de diálogo e repressão policial quando a insatisfação dos termos propostos nos acordos faziam com que os atingidos buscassem contraproposta da empresa;
- terceirização da execução das políticas de compensação social como o reassentamento, buscado empresas colonizadoras e outros agentes imobiliários para agenciar a compra de terras dos indenizados;
- invisibilização de comunidades indígenas. (MPU, 2019, p. 101).

Também da parte dos trabalhadores da obra, denúncias sobre *"péssimas condições de trabalho, carga horária insuportável, suspensões e demissões arbitrárias e injustas"*, bem como o cerceamento da liberdade de organização sindical foram realizadas principalmente por trabalhadores paraguaios (Souza, 2002). Segundo a empresa,[9] cerca de 130 trabalhadores morreram durante a construção da hidrelétrica no canteiro de obras.

---

[8] De 1968 a 1985, Foz do Iguaçu integrava a área de Segurança Nacional e os prefeitos da cidade foram nomeados pelo governo federal, assim como as obras na hidrelétrica (Souza, 2002, p. 101).

[9] Informação obtida durante visita de campo em 17/08/2013.

Figura 6: Trabalhadores da empresa posam em frente à casa guarani em chamas.

Fonte: Asociación Yvi Parana Rembe´ýpe, 2021, p. 93, *apud* Comissão de Verdade, 2017.

Todos esses mecanismos violentos de expulsão das populações do território ocupado atualmente por Itaipu, bem como as condições precárias de trabalho, são ações de caráter espoliativos e, para Harvey (2009, p. 121), conservam os mesmos traços de processos de acumulação primitiva presentes na história da formação do capital. Para o autor, tais mecanismos são de uso recorrente, especialmente em períodos de sobreacumulação de capitais. A espoliação libera um conjunto de ativos que de posse de capitalistas dão a esses um uso lucrativo, reaquecendo o processo de acumulação.

> Tomar a terra, cercá-la e expulsar a população residente para criar um proletariado sem-terra, transferindo então a terra para a corrente principal privatizada da acumulação de capital. (Harvey, 2009, p. 124)

Itaipu e o lobby *brasileiro*

Itaipu é o centro das relações entre Brasil e Paraguai e reiteradamente é utilizada por governos brasileiros como mecanismo de pressão sobre o governo paraguaio. Como apresentado, ainda no período de negociação dos termos do Tratado, houve a autorização da parte do governo paraguaio para a venda de terras a estrangeiros numa faixa de 150 km de distância da fronteira. Assim, de 1968 a 1973, cerca de 56 mil brasileiros, colonos e antigos proprietários rurais, estabeleceram-se naquele país. E esse número se quintuplicou até 1977 (Moniz Bandeira, 1987, p. 59). Mais recentemente, a pauta de seis pontos que o governo paraguaio defendia sobre a relação com Itaipu foi transformada num protocolo com quase duas dúzias,[10] que atendem interesses pleiteados pelo Paraguai, mas inserindo questões de interesse do Brasil. Com relação aos "brasiguaios",[11] por exemplo, foi negociado que o Paraguai regularize e proteja a propriedade das terras desses brasileiros. Inclusive, o texto do Decreto Parlamentar 2.600/2009 que recomenda a atualização do fator de ajuste pela cessão da energia paraguaia utilizada pelo Brasil, justifica que tal ação retribui o "esforço" paraguaio na defesa das terras dos brasiguaios (Brasil Congresso, 2009, p. 25).

A constituição do território do capital

Após analisar o Tratado de Itaipu, o jurista Miguel Reale concluiu que se tratava da constituição do "território de Itaipu",[12] "uma comunidade regida por um direito próprio",

---

[10] O Paraguai apresentou sobre retomada da "Soberania Hidrelétrica do Paraguai". Para tanto, foram apresentados seis pontos, que mais tarde foram levados à negociação com o governo brasileiro. Eram eles: 1º. Soberania hidrelétrica. A livre disponibilidade da energia gerada para venda a terceiros países; 2º. O direito de receber um preço justo à energia exportada ao Brasil; 3º. Eliminação da porção ilegítima da dívida – dívida espúria; 4º. Gestão compartida plenamente; 5º. Controle e transparência; 6º. Execução de obras faltantes (Canese, 2011, p. 166, tradução do autor).

[11] Brasileiros que imigraram para o Paraguai nas circunstâncias relatadas por Moniz Bandeira, 1987.

[12] Para Frontini (1974, p. 40), a tese de um "território binacional" seria "perigosíssima para os interesses soberanos de Brasil e Paraguai, porque poderia sugerir, no futuro, a ideia de 'internacionalização' ou 'pan-americanização' da enorme usina".

"sistema de direito resultante dos dois ordenamentos superiores, mas dotado de valores próprios" (Itaipu Binacional, 1978, p. 29 e 30). Cabe, neste momento, reiterar alguns elementos dessa afirmação, a começar pelo conceito de território: "todo espaço definido e delimitado por relações de poder" (Souza, 2011 *apud* Bordo *et al.*, 2013, p. 04), "espaço de governança" (Fernandes, [sd]b, p. 04).

Por ser uma indústria que possui uma intensidade de governança distinta e relações de produção determinadas, Itaipu faz com que as relações de poder estabelecidas tanto no território brasileiro como paraguaio não alcance o espaço por ela ocupado. Ambos os Estados (Brasil e Paraguai) abriram mão do pleno exercício jurídico, econômico e policial sobre uma fração de seus respectivos territórios para garantir de forma plena as condições de operação, ou, nos termos de Reale (1974), o pleno exercício de seus "valores próprios". Assim, apesar do território ocupado por Itaipu ser uma fragmentação de dois outros territórios de Estados nacionais, ambos não possuem domínio sobre aquele espaço. Não é possível afirmar que as relações de produção que definem o território de Itaipu sejam apenas uma síntese de ambos os Estados integrantes. Indexadores econômicos externos criam uma dinâmica em Itaipu completamente distinta dos "territórios mãe".

Essa condição é distinta de outras iniciativas de territórios internacionais, como por exemplo o Mercosul, que está relacionado ao poder político de Estados nacionais adequarem-se comercialmente para a promoção de interesses públicos e privados da economia dos Estados membros. Esse tipo de iniciativa busca a sinergia na aplicação de fatores existentes por meio da priorização do comércio entre alguns países na formação de um determinado bloco.

Outro exemplo seria a "República Unida da Soja", peça publicitária da transnacional Syngenta que evidencia a materialização de uma governança supranacional orientada ao agronegócio, na qual "o capital se sobrepõe aos países e atua de forma intimidadora aos governos" (Girardi, 2008). Neste caso, o capital é a força organizadora principal, mas sem constituir institucionalmente um novo território. Fernandes (2008), ao tipificar essas relações, os denomina de "transterritórios".

> transterritórios reúnem territórios de diversos países a partir do conjunto de projetos implantados ou a serem implantados para atender, principalmente, os interesses das transnacionais para a produção de *commodities*. [...] são um conjunto de territórios nacionais, compreendidos como espaços de governança, em diversas escalas. (Fernandes, 2008, p. 3)

O território ocupado por um determinado segmento industrial, como no caso de Itaipu, terá os fatores contidos nele organizados para a maximização do lucro. O controle e a gestão desses fatores evidenciam determinadas relações de poder e que são próprias dos interesses da empresa. Dematteis (1995, *apud* Saquet, 2013, p. 105) afirma que:

> A produção e a reprodução das forças e relações produtivas acontecem no movimento de reprodução ampliada do capital, no qual há uma integração entre as estruturas locais e globais, garantindo a continuidade dos processos produtivos locais.

Itaipu é a realização de um território destinado ao capital industrial, constituído por meio de instrumentos coloniais de espoliação, apropriado por meio da organização econômica do capital financeiro, legitimado politicamente por dois Estados nacionais e alimentado pelo lucro suplementar da exploração do trabalho dos trabalhadores na atividade hidrelétrica em bases naturais extraordinariamente vantajosas. Um tipo de território com uma destinação dos resultados orientada para o externo.

As relações de poder que governam aquele território são próprias do capital financeiro internacional – taxa de juros, de inflação, remuneração do capital, bases do mecanismo de operação da empresa que vão, a partir de então, organizar toda a cadeia produtiva: escalas de produção, aspectos laborais. Nota-se que esse território não está sujeito nem mesmo a impostos. Um único empreendimento que em 50 anos distribuirá cerca de 70 bilhões de dólares para o capital industrial e financeiro.

O forte componente externo que rege as relações de poder em Itaipu faz dessa, ao final e ao mesmo tempo, uma área de integração de dois países, mas também de exclusão.

4. A ENERGIA NO MUNDO DAS MERCADORIAS

A partir desse capítulo, trataremos de analisar não mais Itaipu em si, mas o seu produto principal, no caso, a eletricidade, que é nos dias atuais uma das formas mais universais de acessar o que se convencionou chamar energia. Para alcançar esse estágio de desenvolvimento, a humanidade trilhou um longo caminho, se apropriando de fontes e desenvolvendo tecnologias capazes de promover o acesso, a produção e o controle de bases potencialmente energéticas, ações que vão desde o corte de lenha para fins de aquecimento, a elaboração das mais variadas formas de óleos e resinas para a iluminação doméstica e pública, a utilização da luz do sol para secagem de cereais e outros alimentos, a domesticação de animais, a própria força de trabalho humano (livre ou cativa) e o acesso a potenciais eólicos e águas correntes para a realização de ações de força e movimento, ou seja, uma infinitude de fontes e tecnologias.

Em geral, no período pré-revolução industrial (séc. XVII), cada fonte (combustível) produzia um determinado resultado principal – lenha para produzir calor; óleos e resinas para produzir luz; humanos e animais, vento e águas correntes para produzir força e movimento. No âmbito da Revolução Industrial, processo que se intensificou a partir de meados do século XVIII, houve uma enorme expansão do conhecimento sobre os fenômenos da natureza (força e calor, luz e óptica etc.) e o desenvolvimento de tecnologias que permitiram um exponencial aumento da apropriação de novas fontes energéticas (novos combustíveis), novas tecnologias, todas utilizadas principalmente para potencializar ainda mais as condições de produção de novos bens e o conforto da sociedade como um todo. Com a disponibilidade da utilização de uma prensa hidráulica, uma serra circular e um galpão devidamente iluminado e aquecido, o mesmo trabalhador pôde produzir muito mais bens com a mesma quantidade de tempo de trabalho, além da extensão da própria jornada diária de trabalho. Foi desse período histórico inclusive a necessidade de desenvolver unidades de medidas capazes de mensurar não mais a quantidade do combustível (metros cúbicos de lenha, quilos de cera, latas de óleo), mas a própria quantidade de energia empregada – Watt, Caloria, Cavalo Vapor, Cavalo Força, BTU, Jaule, Tep etc.

Nos dias atuais, o controle e acesso a fontes potencialmente energéticas, bem como ao emprego de tecnologias apropriadas, se faz tão importante que podem definir o perfil socioeconômico de regiões inteiras do globo terrestre. A energia é fator principal ou decisivo para o progresso de sociedades, desde novas descobertas científicas, mas também de guerras e conflitos e as próprias mudanças climáticas. Essa importância da energia se dá porque ela se faz indispensável para a vida de cada habitante, de cada residência existente, mas também como matéria-prima para a produção de novos bens no ambiente fabril, onde a energia é utilizada para a realização de força e movimento de máquinas e equipamentos, aumentando a produtividade do trabalho dos trabalhadores, fazendo com que esses possam produzir mais unidades de mercadoria por tempo despendido.

'compressão do tempo e do espaço', ou seja, permite um aumento na produtividade [...]. A produção de mais mercadorias dentro de um determinado intervalo de tempo, ou a redução do intervalo de tempo para a produção da mesma quantidade de produtos. (Altvater, 2006 p. 4, tradução do autor)

O vasto leque de fenômenos possíveis a partir de reações que transformam "energia" é tão grande que o próprio conceito tem ao longo dos anos adquirido novas determinações, deixando de ser apenas "potencial de força e movimento" ou "potencial de trabalho", para "potencial de transformação". O professor Dorival Gonçalves detalha o assunto:

> a energia é uma noção desenvolvida no interior da sociedade capitalista, frente às necessidades de compreender – quantificar e qualificar – as transformações objetivas resultantes da incorporação de fenômenos naturais como forças produtivas para fortalecer e intensificar a produção de valor. (*En Marcha*, 2023, p. 33)

A eletricidade como fonte de energia

A Revolução Industrial foi um período em que a necessidade da "*incorporação de fenômenos naturais como forças produtivas*" foi muito intenso, e é nesse período que se desenvolveu formas de acesso controlado de eletricidade capaz de realizar força e movimento. A eletricidade é, em verdade, uma propriedade de muitos materiais. Estes, quando expostos a um determinado campo magnético, geram o que é conhecido por "corrente elétrica". Sua descoberta e aplicação permitiu um salto tecnológico, dadas as vantagens comparativas que ela apresenta em relação às tecnologias convencionais.

Essas máquinas geradoras são acopladas em turbinas capazes de capturar a força de eventos naturais, como correntezas, ventos e marés, ou instaladas em caldeiras aquecidas por meio da queima de combustíveis altamente energéticos, como gás natural, fissão nuclear, carvão mineral, dejetos industriais, derivados de petróleo, que liberam enormes quantidades de calor, produzindo vapor de água suficiente para mover a turbina desses geradores. Pode-se assim considerar que a indústria da eletricidade dispõe de duas tecnologias principais, aquelas que utilizam queima de combustível – e pelo fato desse ser destruído, queimado, é definida como *não renovável* – e aquela tecnologia que não destrói o combustível, definida como *renovável*.

Há uma forte relação entre a tecnologia e a fonte energética disponível, a ponto de essa definir a tecnologia a ser aplicada. Ao mesmo tempo, existe tecnologia que permite a queima de combustível considerado renovável, como biomassa, resíduos industriais e sanitários, por exemplo. No caso, uma tecnologia tipicamente não renovável utilizando combustível renovável. Há também a aplicação de tecnologias que capturam diretamente a radiação eletromagnética do sol, por meio de "células fotovoltaicas" instaladas em placas. O gráfico 2 ilustra as principais fontes energéticas para a produção de eletricidade no Brasil e no mundo.

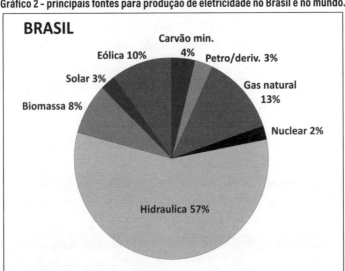

Gráfico 2 - principais fontes para produção de eletricidade no Brasil e no mundo.

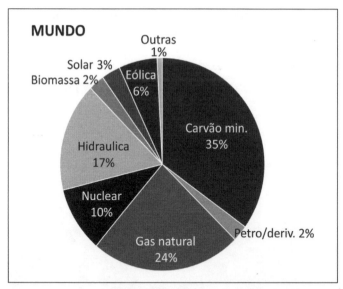

Fonte: Epe, 2023.

Ao observar esses gráficos, nota-se o quanto o Brasil utiliza fontes renováveis para a produção de eletricidade, cerca de 70%, enquanto no mundo esse número é inferior a 30%. Apesar de serem abundantes e hegemônicas, as fontes energéticas que dependem de tecnologia que utiliza a combustão para a produção de força e movimento, além de não renováveis, são de baixa eficiência. Perdas com atrito e dissipação de calor reduzem para cerca de 33% seu aproveitamento.

Depois da geração, a eletricidade precisa ser transmitida até os centros de consumo e lá distribuída para as unidades de consumo, grandes ou pequenas. *Geração, transmissão* e *distribuição* são em verdade elos da mesma indústria, a Indústria de Eletricidade (IE).

Em função de suas propriedades, a eletricidade pode ser produzida por incontáveis unidades produtoras (geradoras) que atuam simultaneamente, independentemente do local em que estão instaladas, desde que estejam ligadas à rede de transmissão nacional, continental, abandonando assim as formas particulares de produção e consumo.

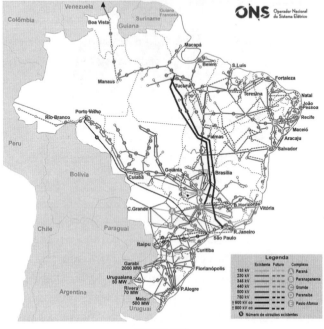

Figura 8- Mapa da rede brasileira de transmissão de eletricidade

Fonte: ONS, 2023b.

Trata-se de um bem especial, uma forma de energia que pelo fato de poder viajar a uma velocidade de 300 mil km/s é uma mercadoria cujo ato de consumo se faz simultâneo ao ato de produção.

A mercadoria energia

Seguindo a análise sobre a eletricidade, a partir desse ponto se fará o exercício de compreender como esse bem se incorpora à sociedade na condição de *mercadoria* e como essa se relaciona com as demais. Trata-se de uma mercadoria versátil do ponto de vista das condições para a produção e que pode ser consumida para inúmeros fins, como força, som, calor, luz, e como foi visto, pode ser utilizada para a satisfação direta das necessidades humanas ou na produção da solução de outras necessidades.

Contemporâneo ao advento da eletricidade, o debate sobre as contradições do ascendente modo capitalista mobilizou um grande conjunto de pesquisadores sobre temas relacionados à economia e à política, em especial, a origem da riqueza e mesmo sobre o seu revés, a origem da miséria. Desafiado a responder essas e outras questões, Karl Marx dedicou sua vida a estudar e escrever sobre o tema. Ao analisar como ocorre a produção da riqueza na sociedade capitalista, Marx defendeu a tese de que "a riqueza das sociedades nas quais domina o modo de produção capitalista aparece como uma 'imensa coleção de mercadoria'" (Marx, 2011, p. 97), *ou seja*, a mercadoria como unidade fundamental de riqueza. Mas, então, o que é uma mercadoria para Marx? De maneira muito sucinta ele define mercadoria como "uma coisa, que, por meio das suas propriedades, satisfaz necessidades humanas de qualquer espécie" (Marx, 2011, p. 97). Essas *"propriedades"* a que Marx se refere são aquelas como a mercadoria se apresenta no mundo de maneira concreta, algo socialmente útil e ao mesmo tempo único, concretamente *"singular"*, como entre si são o ferro, o papel, o trigo etc.

Apesar de as mercadorias representarem um imenso conjunto de coisas distintas, com aparência e usos os mais variados possíveis, Marx defende que é necessário reconhecer que há algo em comum entre elas, algo que as tornam assemelhadas umas às outras, algo que não está expresso diretamente, algo "invisível" e universal entre elas, que é a quantidade de trabalho humano necessário para a obtenção de cada uma delas. Essa tese defendida por Marx exige reconhecer que, para se obter qualquer mercadoria, "foi despendida uma força de trabalho humano, que neles [mercadoria] está acumulado" (Marx, 2011, p 97). A essa dimensão abstrata da mercadoria Marx denomina valor.

Sobre a quantidade de trabalho humano, Marx considera que esse "tem por medida a sua duração, e o tempo de trabalho mede-se em unidades de tempo, tais como a hora, o dia etc.", e considera que não faz sentido pensar que "quanto mais preguiçoso ou inábil for um homem mais valor terá a sua mercadoria" já que, para ele, é fundamental considerar as condições socialmente normais e com grau social médio de habilidade e intensidade de cada tempo, determinado por cinco condições principais, entre elas,

> [a] o grau médio de destreza da classe trabalhadora, [b] nível de progresso técnico e científico e sua aplicação, [c] a organização social do processo de produção, [d] o volume e a eficácia dos meios de produção [e] as condições naturais. (Marx, 1962, p. 7, tradução do autor)

Dessa maneira, *valor de uso* e *valor* são propriedades constituintes, inseparáveis de toda a mercadoria; em outras palavras, toda a mercadoria tem que ser útil e, ao mesmo tempo, resultado do trabalho humano. São essas duas propriedades que habilitam uma determinada *coisa* (mercadoria) a acessar o mercado. Por ser socialmente útil, haverá interessados terceiros na aquisição; e por possuir algo comum (trabalho humano), pode ser trocada por outras mercadorias, equivalentes ao grau de trabalho humano (social médio), por mais distintas que sejam um quilo de ferro, uma resma de papel ou um saco de trigo entre si. "O valor de uma mercadoria está para o valor de qualquer outra como o tempo de trabalho necessário à produção de uma está para o tempo de trabalho necessário à produção da outra" (Marx, 1962, p. 100).

Sendo cada mercadoria uma unidade individual da riqueza toda, pode-se considerar que o trabalho humano é o portador da capacidade de produzir riqueza, pois é esse o único responsável pela produção de mercadorias. Essa constatação não é exclusiva do modo capitalista de produção, já que, em regimes anteriores, era o trabalho humano igualmente responsável pela produção da riqueza existente. O inovador do modelo capitalista de organização da produção e da sociedade é a capacidade que alguns indivíduos portadores de alguma riqueza têm de explorar a fonte de toda riqueza, ou seja, o trabalho do trabalhador.

Aquela pessoa portadora de alguma riqueza, na forma de dinheiro, vai até o mercado e compra os meios de produção, entre eles instrumentos de trabalho (fábrica, máquinas, ferramentas – também chamado de capital constante – kc) e matérias-primas como couro, tecido, milho e força de trabalho para a produção da nova mercadoria. Todas as matérias-primas mobilizadas, por já terem sido produzidas por meio do trabalho humano, possuem um determinado valor já contido, incorporado nelas, e esse valor é imediatamente transferido para o valor da nova mercadoria. Ou seja, o valor da nova mercadoria será equivalente ao somatório de todas as mercadorias consumidas, mais frações equivalentes dos fatores de produção utilizados (máquinas e equipamentos), exceto a mercadoria força de trabalho, pois essa é capaz de produzir uma quantidade de valor superior àquele gasto para sua obtenção, superior ao seu custo de reprodução. Assim, o valor da nova mercadoria será capaz de ressarcir todos os custos e apresentar ainda um valor excedente, um valor a mais, o qual Marx denominou de *mais-valia,* valor esse apropriado pelo dono dos fatores de produção, dono do capital.

Esse excedente em constante processo de renovação e ampliação é denominado de capital. Todo proprietário de capital (capitalista) tem a inerente necessidade de pô-lo em "ação", em uma constante busca de ampliação. Dessa maneira, para continuar ampliando ao máximo o valor excedente, o proprietário de capital busca extrair o máximo de excedente da mercadoria força de trabalho e faz isso aplicando as *"cinco condições principais"* (*o grau médio de destreza da classe trabalhadora* – formação; *nível de progresso técnico e científico e sua aplicação* – tecnologia; *a organização social do processo de produção* – jornada de trabalho; *o volume e a eficácia dos meios de produção; e as condições naturais*) (Marx, 1962, p. 7). Sobre as *condições naturais* ou bases naturais, os capitalistas buscarão se apropriar daqueles locais que possuem as fontes mais abundantes, que quando instalada a tecnologia apropriada, com mesma quantidade de horas de trabalho, produzirá uma quantidade superior de unidades de mercadoria.

Santos (2008, p. 68) afirma que a "capacidade produtiva do trabalho [...] responde a condições sociais e técnicas presentes num dado momento histórico". Santos cobra ainda a necessidade de reconhecer que o espaço contribui decisivamente na definição dos objetos (Santos, 2008, p. 40), inclusive sobre aqueles objetos que atuam na transformação da natureza por meio do trabalho, o que ele denomina de objetos técnicos, como as hidrelétricas, fábricas etc. (Santos, 2008, p. 55). Quanto maior for o grau de organização e desenvolvimento social médio desses "objetos" e/ou "sistemas de objetos", maior tenderá a ser a capacidade de produção social de excedente.

De posse dessas premissas, o capitalista interessado em produzir eletricidade vai ao mercado à procura das *condições principais* que permitirão os trabalhadores contratados (eletricitários) produzirem maior quantidade de unidades de mercadoria eletricidade (watt/hora) por tempo de trabalho despendido. No caso da produção de eletricidade, a definição da tecnologia e da base natural a ser utilizada joga um peso enorme no resultado final. A tabela 2 ilustra o quanto a definição da tecnologia e fonte refletem diretamente na produtividade dos trabalhadores.

Tabela 2 - Produtividade dos trabalhadores com referência no padrão tecnológico.

Empresa	Cap. Instalada (MW)	Nº de trabalhadores	MW/trabalhador
Itaipu (renovável apenas)	14.000	2.800	5,00
Eletrobras (renovável e não renovável)	45.000	14.000	3,20
Iberdrola (renovável e não renovável)	45.000	30.678	1,47
Enel (renovável e não renovável)	95.000	71.394	1,33
EDF (não renovável principalmente)	140.000	154.941	0,90

Fonte: Elaborado pelo autor a partir de fonte de dados.

Essa forte relação entre a produtividade do trabalho dos trabalhadores e a tecnologia e fonte empregada contribui para uma corrida mundial pela apropriação daquelas bases naturais, territórios, onde seja possível instalar as usinas de produção de eletricidade, ou mesmo uma forte disputa por aquelas usinas já construídas, como no caso da privatização de empresas estatais.

A eletricidade no mundo das mercadorias

Como visto, o valor de qualquer mercadoria é dado pelo custo de produção daquela mercadoria em condições dadas de produção socialmente normais e com grau social médio de habilidade e intensidade do trabalho. Gonçalves Junior (2007, p. 161-162) detalha como se dá a formação dos preços das mercadorias em relação ao seu *valor* no modo capitalista de produção:

> na sociedade capitalista as mercadorias não são transacionadas pelo seu valor – capital constante + capital variável + mais valia. *Elas são trocadas por preços em torno dos seus*

preços de produção – custo de produção social médio + taxa de lucro médio geral, aplicada sobre o capital. [...] Desse modo, *o preço de um bem* ou serviço, em cada segmento de produção, *gravita em torno de um preço de produção médio geral.* Este é determinado pelo *preço do custo de produção social médio* – que corresponde ao *capital empregado em meios de produção e força de trabalho,* em condições médias no segmento de produção – *mais o lucro médio geral* que é uma quantidade em dinheiro resultado do produto do capital empregado pela *taxa média de lucro geral do capital.* [grifo nosso]

Como apresentado no gráfico 2, o segmento da indústria da eletricidade que utiliza fontes de origem fóssil (carvão mineral, gás natural e derivados do petróleo) é responsável por grande parte da produção de eletricidade em âmbito mundial, cerca de 70%, e apesar de corresponder a uma forma pouco eficiente de produção, mais *inábil,* é essa fonte que define o *"preço do custo de produção social médio".* Se a eletricidade produzida nesses termos, quando apresentada ao mercado, consegue proporcionar um lucro médio geral, a tendência é que todas as outras formas mais eficientes proporcionarão um lucro médio proporcionalmente superior. Gonçalves Junior é categórico:

> o preço da eletricidade é dado pelo custo de produção na pior condição de geração [térmico] adicionado à taxa de lucro médio geral do capital aplicada à totalidade das instalações, ou seja, é o preço de produção médio para geração de eletricidade a partir dos combustíveis fósseis que constitui o preço regulador do mercado. Não se trata aqui do preço exato da mercadoria eletricidade. Mas, é ele o preço em torno do qual o preço da eletricidade oscila no mercado e é geralmente vendida. (2007, p. 165)

Analisando o padrão de produção de eletricidade mundial atualmente, pode-se afirmar que o *custo de produção social médio* dessa mercadoria é obtido a partir de processos de queima de combustíveis fósseis. Assim, "fonte alternativa" é aquela distinta às fontes fósseis.

Os processos de produção de eletricidade são de grande complexidade tecnológica, necessitam de elevado investimento de capital, promovem grandes transformações ambientais e sociais; contudo, a hidroeletricidade promove uma produtividade maior do trabalho dos trabalhadores que qualquer tipo de geração térmica.

> Mesmo as térmicas a gás natural de ciclo combinado, as de maior produtividade neste tipo de tecnologia, cujas instalações de geração são sempre mais simples que as hidrelétricas, sua produtividade é bem menor. Pois a vida útil e o custo do gás natural são elementos que não permitem paralelos com as hidrelétricas, uma vez que, as últimas, são 'centenárias' e o seu 'combustível' é a água dos rios, que, por enquanto, as relações sociais de produção capitalistas não conseguiram, ainda, colocá-las à venda. (Gonçalves Junior, 2007, p. 165)

O gráfico 3 ilustra na primeira coluna o "preço de produção médio geral" da eletricidade em âmbito mundial e, na segunda coluna, o lucro suplementar, resultado da diferença entre o preço de produção médio e a produção de eletricidade na tecnologia em bases renováveis, no caso, hídrica (Gonçalves Junior, 2007, p. 165).

Gráfico 3: Projeção da formação dos preços da eletricidade a partir de processos térmico e hidráulico.[1]

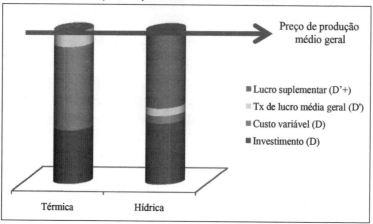

Fonte: Maggi, 2013, elaborado a partir de Gonçalves Junior (2007).

Analisando o gráfico 3, constata-se que a relação entre a tecnologia e a base natural aplicada está intimamente relacionada aos custos para a produção da eletricidade. O gráfico também ilustra como o *"preço de produção médio geral"* da eletricidade é dado pelas formas consideradas mais *"inábeis"*, aquelas que necessitam empregar maiores quantidades de valor na forma de mercadorias (M) para obtenção da nova mercadoria, no caso, a eletricidade.

Para a classe capitalista, alcançar o "lucro médio geral" não é suficiente. É necessário ter mais lucro que a média de todos os capitalistas. A disputa intercapitalista exige um arranjo extraordinário de produção em busca da lucratividade máxima. Aqui está o centro da disputa. Os capitalistas que alcançarem apenas o lucro médio tendem a ser destruídos por aqueles cuja renda

---

[1] Investimento (D) ou capital constante (kc): instalação de máquinas e equipamentos (barragens, turbinas, reatores); Custo variável (D): operação e manutenção, aquisição de combustíveis. A coluna "hídrica" representa a produção de eletricidade a partir de fontes hidráulicas, como em Itaipu.

(excedente [D'] por capital [D] investido) é superior. Aquelas indústrias que utilizam fatores de produção (tecnologias e fontes) menos eficientes buscam substituí-los. Esse movimento pode ser observado de forma muito nítida no período após a crise do petróleo, em 1973, quando os países produtores de petróleo quintuplicaram o preço desse bem, causando um profundo desajuste no "*preço de produção médio geral*" da energia. Essa mudança inicia um longo processo de ajuste da matriz elétrica.

Os capitalistas em âmbito mundial aumentaram a disputa pela propriedade e exploração de fontes energéticas *alternativas* (mais baratas, estáveis e "confiáveis") à fonte fóssil e encontraram, em países como o Brasil, em bases renováveis de fonte hidráulica, a possibilidade de expansão.

Gráfico 4: Evolução da ampliação da matriz elétrica brasileira e a participação da hidroeletricidade - trajetória alterada após 1970.

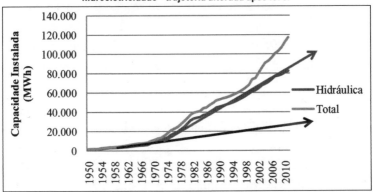

Fonte: Maggi, 2013, p. 79 *apud* IPEA, 2013.

A expansão do processo de produção de energia elétrica no Brasil a partir de fontes renováveis teve forte influência externa e evidencia o caráter internacional da mercadoria energia. Em pouco mais de 20 anos, a Indústria de Eletricidade Brasileira (IEB) teve sua capacidade de geração em bases hídricas quintuplicada, constituindo assim um dos maiores parques elétricos do mundo, o que exigiu a mobilização de um enorme contingente de trabalhadores, sob comando de empresas estatais, que consumiram grandes quantidades de mercadorias e financiamentos em âmbito mundial. Ao mesmo tempo, forneciam eletricidade a toda economia brasileira com tarifas referenciadas nos "preços de produção – custo de produção social médio mais taxa de lucro médio geral", caracterizando assim uma fase bem definida dessa indústria. Esse forte ciclo de expansão industrial foi marcado também por um elevado nível de violência e repressão sobre a população atingida, sendo que esse parque industrial foi construído em território alheio, sem a devida reparação das pessoas atingidas. É nesse contexto que Itaipu foi construída.

A crise capitalista iniciada ainda nos anos 1980 alcançou a totalidade da economia mundial e, no Brasil, aqueles setores mais produtivos também foram os mais cobiçados, entre eles a Indústria de Eletricidade Brasileira (IEB), iniciando assim, a partir dos anos 1990, a organização de um novo ciclo, uma nova fase.

A Indústria de Eletricidade Brasileira (IEB) e o papel do Estado na definição do preço

A crise econômica dos anos 1980 pôs em xeque todo o modelo industrializante constituído no Brasil até então. A propaganda neoliberal afirmava que a crise, entre outros fatores, é produto do monopólio estatal que criava um ambiente de baixa competitividade. O "Estado empresário" deveria dar lugar a um Estado regulador. A lógica neoliberal afetou também setores do capital industrial privado. Foi um período de grande abertura econômica, quando barreiras protecionistas à indústria nacional foram derrubadas sob a alegação de que a competitividade internacional modernizaria o aparato industrial brasileiro. O então presidente, por intermédio da Lei n. 8.031/1990, criou o Programa Nacional de Desestatização (PND). No seu Art. 1º, esclarecia seus objetivos:

> I – Reordenar a posição estratégica do Estado na economia, transferindo à iniciativa privada atividades indevidamente exploradas pelo setor público;
> II – [...]
> III – Permitir a retomada de investimentos nas empresas e atividades que vierem a ser transferidas à iniciativa privada;
> IV – Contribuir para a modernização do parque industrial do país, ampliando sua competitividade e reforçando a capacidade empresarial nos diversos setores da economia;
> V – Permitir que a administração pública concentre seus esforços nas atividades em que a presença do Estado seja fundamental para a consecução das prioridades nacionais;
> VI – Contribuir para o fortalecimento do mercado de capitais, por meio do acréscimo da oferta de valores mobiliários e da democratização da propriedade do capital das empresas que integrarem o Programa [leia-se, privatização de empresas estatais].

Até então, a IEB (geração, transmissão e distribuição) era monopólio do Estado, realizado por empresas estatais federais e estaduais como a Eletrobras, Furnas, Cesp, Eletrosul, Eletronorte etc. A tarifa da eletricidade era estabelecida a partir do "preço de produção – custo de produção social médio mais taxa de lucro médio geral" com eventual pagamento de amortização e juros dos investimentos, ressarcimento das despesas de operação e manutenção, tudo sob controle do Estado (muito parecido com o que é praticado na Itaipu Binacional).

No âmbito do PND, os segmentos da IEB (geração, transmissão e distribuição) foram fracionados. Foi criado um novo negócio: a comercialização. Foi instituída a Agência Nacional de Energia Elétrica (Aneel) e o Mercado Atacadista de Energia

(MAE). A partir de então, é "o mercado que estabelece preços, organiza a produção, distribui as mercadorias, racionaliza a produção e provê a necessidade futura" (Billas, *apud* Gonçalves Junior, 2007, p. 72). Um amplo programa de concessão repassou para empresas privadas e/ou consórcios de empresas boa parte dos ativos do setor elétrico e a concessão da construção de novas unidades de geração de hidrelétricas, principalmente.

No âmbito das concessões do setor de geração, as que mais progrediram foram aquelas cujas obras já estavam concluídas, muitas inclusive amortizadas, como o caso da então AES Tietê que "ganhou" a concessão para explorar dez hidrelétricas da Companhia Elétrica de São Paulo (Cesp) por 30 anos, num total de 2,6 GW de potência instalada e amortizada. No caso de potenciais hídricos concedidos para exploração (usinas ainda por construir), pode-se citar o caso da UHE Barra Grande e da UHE Campos Novos, ambas na Bacia do Rio Uruguai.

Nesse período também as tarifas deixaram de ter como referência o custo de produção e passou-se a aplicar a política do preço teto (*price cap*), metodologia que permite acolher todos os custos definidos pela empresa, como referência para a formação do preço. Assim, a eletricidade, que vinha sendo gerida pelo Estado, comercializada com tarifas baseadas no custo de produção, servindo principalmente para alavancar setores industriais (produção) e reduzir o custo de vida da população (custo de reprodução da força de trabalho), passou a ser a *mercadoria principal,* e vender energia se tornou *o principal negócio.*

Após a fase inicial das concessões, toda expectativa com relação à atuação dos agentes privados no setor elétrico recebeu um forte questionamento em 2001, quando, logo no início do ano, um grave desajuste no processo de geração e transmissão, promovido principalmente pela incapacidade da nova gestão privada e a falta de investimentos na ampliação do sistema de transmissão de energia elétrica, causou um *blackout* – apagão, que além de deixar o país às escuras exigiu longo período de racionamento, afetando não apenas o consumo doméstico, mas principalmente a atividade industrial.

A partir de 2003, o Estado voltou a ser mais ativo e estabeleceu um novo ordenamento no modelo de geração, transmissão, distribuição e comercialização de energia elétrica, representado pelo que ficou denominado de "Novo Marco Regulatório do Setor Elétrico". Várias foram as mudanças, entre elas,

- Foi criada a Empresa de Planejamento Energético (EPE), retomando ao Estado a prerrogativa de planejar o sistema elétrico nacional e preparar os empreendimentos de geração e transmissão de energia elétrica para concessão (Lei n. 10.847/2004).
- Esse novo arranjo criou condições de comercialização da eletricidade dos potenciais hidráulicos concedidos. Para tanto, foi instituído, por intermédio da Lei n. 10.848/2004, o Ambiente de Contratação Regulada (ACR) (consumidores atendidos pelas distribuidoras de energia, principalmente setores médios e residenciais) e o Ambiente de Contratação Livre (ACL) (consumidores com carga igual ou superior a 3.000 kW, especialmente setores industriais e outros grandes consumidores).
- O Mercado Atacadista de Energia (MAE) foi substituído pela Câmara de Comercialização de Energia Elétrica (CCEE).

Ao longo de 14 anos (2003 a 2016) de gestão de governos populares, foi ampliada a presença do Estado na Indústria de Eletricidade, foi expandida a capacidade de geração e transmissão em aproximadamente 60%, afastando riscos de novos apagões (*blackout)* e, no âmbito da distribuição, foi realizado um forte processo de universalização do acesso, garantindo que quase a totalidade das residências brasileiras acessassem a rede de energia por meio do programa "Luz para Todos". Ao mesmo tempo, esses governos preservaram as bases políticas iniciadas na fase anterior, especialmente no que tange à formação dos preços das tarifas de energia e a presença privada na IEB.

A fase da IEB iniciada nos anos 1990 e aperfeiçoada em 2004 consolida a transferência da propriedade e gestão para empresas privadas. Em aproximadamente 20 anos o monopólio estatal foi dividido com empresas especializadas na produção e distribuição de energia (Tractebel – belga, Endesa e Iberdrola – espanholas, e Duke e AES – estadunidenses), empresas da construção civil (Camargo Corrêa, Odebrecht, Queiroz Galvão/ brasileiras), bancos (Santander e BBVA – espanhóis, CityBank – estadunidense, BNDES – brasileiro), empresas de equipamentos de energia (Siemens e Voith – alemãs, Andritz – austríaca, General Eletric – estadunidense), autoprodutores (Companhia Brasileira do Alumínio, Votorantim, Cia Vale do Rio Doce e Gerdau – brasileiras, Alumínios Maranhão e Alcoa – estadunidenses, Alumínios Canadá – canadense).

Em 2011 o governo federal inicia um novo ciclo de reformas, tendo como base a mudança da política de formação de preços das usinas hidrelétricas, especialmente aquelas cujo prazo de concessão estava vencendo e consequentemente amortizadas. Tal mudança, consolidada por meio da Lei n. 12.783/2013, consistia na renovação dessas concessões para empresas estatais e a retomada da política de formação de preços das tarifas de energia com referência no *preço de produção* e não mais no *Preço Teto*. Tal medida alcançou cerca de 16% do parque gerador da época (17.000 MW) e contribuiu para que os preços das tarifas baixassem consideravelmente para os consumidores residenciais. A ameaça à política de Preço Teto e a consequente diminuição das tarifas de energia foi duramente combatida pelos setores privados.

Em 2022 ocorreu a privatização da Eletrobras, que é detentora de aproximadamente 30% da geração e 50% da transmissão de eletricidade, até então responsável pela parte brasileira de Itaipu. Nesse período, outras empresas estatais dos estados do Rio Grande do Sul, Distrito Federal e Goiás também foram privatizadas, levando ao encerramento de 2022 com a IEB praticamente sob gestão de empresas privadas.

As consequências do período neoliberal

No caso da Indústria de Eletricidade Brasileira (IEB), o processo de privatização instituído por meio de políticas neoliberais desde os anos 1990 foram sustentadas por um processo de transferência de ativos abaixo do valor e na super-remuneração da atividade privatizada, considerado como um *processo de espoliação*. Ao lado da privatização,

> a liberalização do mercado [fez parte do] mantra do movimento neoliberal, o resultado foi transformar em objetivo das políticas do Estado a 'expropriação das terras comuns'. Ativos de propriedade do Estado ou destinados ao uso partilhado da população em geral foram entregues ao mercado para que o capital sobreacumulado pudesse investir neles, valorizá-los e especular com eles. (Harvey, 2009, p. 130)

Essa fase também denominada de *mercantil* é, segundo Cervinski e Maranho, nos dias de hoje marcada por profundas contradições. Em artigo publicado na revista *En Marcha* (2023, p. 4, tradução do autor), os autores analisam de forma muito objetiva as principais características da atual IEB, entre elas,

a) apropriação privada da IEB;

b) as relações de produção controladas pelo mercado financeiro;

c) preço internacional baseado na fonte mais cara;
d) leis e instituições sob o controle da burguesia financeira;
e) priorização da geração por meio de fontes renováveis a fim de maximizar o lucro;
f) reestruturação das relações de trabalho e retirada de direitos.

Sobre os elevados preços das tarifas de eletricidade, eles são injustificáveis em um país que possui a indústria que se sustenta em fontes renováveis, cujo combustível é gratuito. Segundo os autores, essa contradição tem origem na política de *preço teto,* que utiliza como referência para definição das tarifas na geração, transmissão e distribuição os custos de produção mais elevados. Essa política é capaz de incorporar todos os custos e encargos definidos pelas próprias empresas a fim de manter o que chamam de *"equilíbrio econômico financeiro",* inclusive pagamentos de juros de dívidas contraídas por cada empresa. Os 15 maiores grupos do setor possuíam uma dívida líquida ao final de 2019 de 146 bilhões de reais, mas no primeiro trimestre de 2022 já haviam aumentado para 220 bilhões de reais (Aneel, 2022 *apud* MAB, 2022, p. 4). A política de formação de preço de tarifas de *Preço Teto* representa um aperfeiçoamento do *Projetc Finance* inaugurado por Itaipu.

A política de *Preço Teto* permite inclusive que sejam acolhidos na tarifa de eletricidade a remuneração integral daquelas usinas e linhas de transmissão que estão ociosas, criando um "descolamento" entre a demanda efetiva por energia e a oferta, acarretando, nos dias atuais, em uma sobrecarga de eletricidade de aproximadamente 24 mil MW médios (20%). Considerando as outorgas e contratos já assinados e subtraindo a estimativa modesta de aumento de carga para os próximos quatro anos, o Brasil poderá ter em 2026 um excedente de aproximadamente 60 mil MW médios, como demonstrado no gráfico 5.

Gráfico 5: Projeção da demanda e oferta de eletricidade no Brasil.

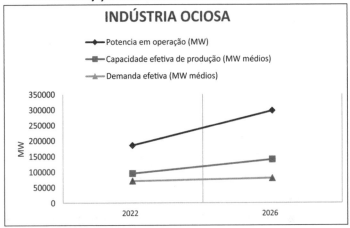

Fonte: Elaborado pelo autor a partir de dados de MAB, 2022, *apud* Aneel, 2022.

Outra contradição apontada pelos autores está na propriedade e gestão dessa Indústria. Nessas três décadas de espoliação neoliberal, quase a totalidade da IEB foi transferida para grupos privados, quase todos sustentados por bancos e instituições financeiras internacionais. Segundo G. Cervinski e S. Maranho (*En Marcha*, 2023, p. 5),

> No caso brasileiro, existem milhares de empresas (CNPJ) de geração, transmissão, distribuição e comercialização que atuam no setor; contudo, 90% pertencem a um cartel de 15 grupos econômicos: Engie, Equatorial, Energisa, Enel, EDP, ISA, Iberdrola, AES, Light, CTG, State Grid, CPFL, Eletrobras, Cemig y Copel. Com exceção das empresas chinesas, o restante, todos os acionistas privados principais são bancos e fundos de investimento. Assim, a extraordinária geração de riqueza obtida pela alta produtividade do trabalho da classe trabalhadora é apropriado pelo capital e enviada integralmente para acumulação privada, por meio de remessas de lucro [...]. [tradução do autor]

Toda essa política precisa estar materialmente representada no Estado, pois, segundo Cervinski e Maranho (*En Marcha*, 2023, p. 7), "é no Estado onde a burguesia decide e garante suas taxas de exploração do setor energético" (tradução do autor). Esse arranjo captura estruturas de Estado responsáveis pela política energética. Ministério de Minas e Energia (MME), Agência Nacional de Energia Elétrica (Aneel), Câmara de Comercialização de Energia Elétrica (CCEE), Operador Nacional do Sistema (ONS), Empresa de Pesquisa Energética (EPE), entre outros, estão permanentemente atualizando o marco legal existente a fim de sustentar a manutenção de altas taxas de lucro de setores financeiros. É importante lembrar que por fora do Estado há um conjunto enorme de associações representadas por cartéis setoriais, sociedades privadas, veículos de comunicação e setores ligados à produção do conhecimento compondo essa qualificada rede de interesses que buscam ocultar as profundas contradições da atual política.

Entre os episódios recentes mais escandalosos promovidos por esse sofisticado arranjo estão a instituição da *Conta Covid* (empréstimo realizado entre 2020 e 2021 de 15 bilhões de reais, valor repassado especialmente a geradoras, a serem pagos com juros por meio das tarifas residenciais até 2025) e a *Conta escassez hídrica* (repasse de 5,8 bilhões de reais, especialmente para distribuidoras, valor esse a ser cobrado por meio da incorporação na tarifa de energia elétrica). Ambas as políticas foram criadas para alcançar receitas ameaçadas no âmbito de baixo consumo da crise econômica mundial agravados pela pandemia, escândalo denunciado pelo Movimento dos Atingidos por Barragens (MAB) como "A farsa da crise hídrica" (MAB, 2021).[2]

---

[2]   A farsa da crise hidrica no setor elétrico (https://mab.org.br/2021/06/29/a-farsa-da-crise-hidrica-no-setor-eletrico/)

Do ponto de vista laboral, os autores apresentam a reestruturação das relações de trabalho que está sendo implementada no âmbito dessa indústria, com vistas à intensificação do trabalho dos trabalhadores do setor, forçando de maneira irresponsável a elevação da produtividade por meio da diminuição do contingente de trabalhadores, precarização das condições materiais de trabalho, diminuição do grau de instrução e formação técnica, aumento da jornada diária e redução de salários.

Com esses mesmos princípios, a política de tratamento das populações atingidas está marcada por profundas transformações, ao ponto que as poucas políticas de reparação socioambiental existentes foram transformadas em mais um negócio para as empresas privadas, quando os irrisórios recursos orçados para a realização de ações de reparação são incorporados na formação da tarifa e passam a ser remunerados ao longo do período de concessão, em geral, 30 anos.

A expansão ociosa da Indústria de Eletricidade remunerada independentemente do seu grau de produção acaba por ser fator de inflacionamento da tarifa de eletricidade. A captura de estruturas de Estado permite a instituição de políticas e a criação de encargos setoriais vinculados exclusivamente a interesses privados. O endividamento das empresas do setor acarreta o tratamento do *negócio* da eletricidade como um pretexto para bancos e financeiras (proprietárias dessas empresas) emprestarem injustificavelmente enormes quantidades de valor, sob taxas exorbitantes de juros por eles acordado.

Resultado do fracasso de 30 anos de política neoliberal na IEB estão impressos na tarifa de eletricidade brasileira, que está entre as mais caras do mundo. O gráfico 6 demonstra essa situação entre os países do Mercosul.

Gráfico 6: Preço da eletricidade nos países do Mercosul (USD/MWh) c/ impostos (2021)

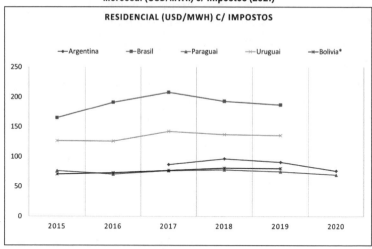

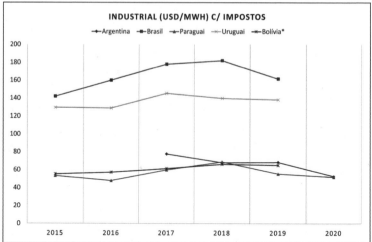

Fonte: OLADE, 2020.

Assim, a vantagem comparativa construída no Brasil ao longo de mais de 50 anos, que combina elevado grau de capacidade técnica dos trabalhadores operando uma indústria de alta tecnologia em bases naturais de elevada produtividade é capturada na totalidade por setores privados, de caráter rentista e estrangeiro, ampliando ainda mais o lucro suplementar, extraordinário.

5. POR UM TRATADO COM DISTRIBUIÇÃO DA RIQUEZA, INTEGRAÇÃO E PARTICIPAÇÃO POPULAR

Mesmo que Itaipu seja por "natureza" um projeto binacional, esse trabalho deu maior ênfase às responsabilidades brasileiras sobre esse empreendimento, desde sua constituição até os dias atuais. Inclusive se faz necessário reconhecer o empenho do povo paraguaio por Itaipu, fazendo desse um tema de grande alcance popular e que tem muito a ensinar sobre a luta por soberania energética.

Com a quitação do valor principal da dívida, Itaipu encerrará uma fase que iniciou ainda nos anos 1980 e que custou às populações de Brasil e Paraguai cerca de 70 bilhões de dólares, o que correspondeu a cerca de 70% da riqueza por ela produzida. Ao longo de seus 50 anos, Itaipu representa um grande aprendizado e muito ainda pode contribuir para ambos os países e para toda a região, não apenas fornecendo energia abundante e segura, mas podendo servir de balizamento para uma nova política de energia elétrica para o Brasil e região. Vencida essa primeira grande fase, período esse que se caracterizou principalmente pela quitação da dívida, ambos os países devem se debruçar na construção de um amplo conjunto de *reformas* que permitam ao povo brasileiro e paraguaio finalmente usufruírem de 100% dessa riqueza. Nesse sentido, analisar-se-á aspectos positivos de Itaipu, que devem ser mantidos e ampliados como os *royalties* e a formação da tarifa de energia, políticas que podem ser melhoradas como uma política de integração regional de energia e água, bem como a cogestão de ambos os países, além de questões que devem ser superadas, como a manutenção da moeda estrangeira e o reconhecimento por parte de Itaipu da necessidade do pagamento definitivo de todas as dívidas.

No que Itaipu deve ser referência

A questão central é a manutenção da atual política de formação do preço da tarifa de eletricidade de Itaipu, que apesar de estar sustentada em um endividamento imoral e injusto, se baseia nos custos reais de produção. Essa condição aparentemente óbvia representa, por tudo o que foi estudado especialmente no capítulo 4, um contundente enfrentamento a atual política elétrica brasileira sustentada pela metodologia do *preço teto,* que representa na prática um aperfeiçoamento do *Project Finance* – ambas possuem na sua essência a capacidade de legitimar custos autoritariamente arbitrados, lícitos ou não, atrelados a pagamentos de juros abusivos, tudo repassado para consumidores (principalmente setores médios e residenciais) por meio da conta de luz.

Considerando apenas os custos com despesas de exploração e *royalties* dos últimos 15 anos de operação (2007 a 2021), a Itaipu teria uma tarifa de USD 13,64/MWh, muito distante dos USD 50,54 cobrados por ela em 2021. Com apenas os 7GW de direito brasileiro, em condições médias de operação (entre 2007 a 2021, a Itaipu produziu 89,8 milhões de MWh/ano, metade de direito brasileiro), seria possível fornecer 138 KWh por mês para as 27 milhões de famílias do Cadastro Único com uma tarifa de energia de geração inferior a R$ 10,00/mês (mantendo a ausência da cobrança de impostos, como se estabeleceu até os dias atuais). Ou essa energia poderia atender 100% dos quase 16 milhões de consumidores residenciais na faixa de tensão "b1-baixa renda" e a totalidade dos 4,8 milhões de agricultores familiares "b2--rural". Se considerarmos uma média de 5 pessoas por unidade familiar, tal medida de redução da conta de luz alcançaria quase a metade da população brasileira. Essa energia poderia também garantir o fornecimento de hospitais, escolas, universidades, etc. com custos muito abaixo dos praticados atualmente.

É importante considerar aqui, à luz do que foi apresentado no capítulo 4, que os setores hegemônicos que definem a atual política elétrica brasileira farão de tudo para se apropriarem de Itaipu. A Associação Brasileira dos Comercializadores de Energia (Abraceel) vem defendendo, no âmbito da revisão do Anexo C do tratado, cláusula que "permita à Itaipu vender a sua energia no mercado livre" (Folha de S. Paulo, 2022), o que significaria estender (definitivamente) o fracasso das políticas neoliberais até Itaipu, aplicando preços internacionais (*preço teto*). A presença desses setores privados implicaria inclusive mudanças na política de pagamento de *royalties*, aplicando em Itaipu a política de Contribuição Financeira pelo Uso dos Recursos Hídricos (CFURH).

Ainda sobre os *royalties*, conforme demonstrado no capítulo 3, Itaipu prova que essa contribuição para os estados e municípios pode ser 6 vezes maior do que representa a CFURH, e ao mesmo tempo fornecer eletricidade com valores inferiores aos praticados atualmente no mercado brasileiro. A política de *royalties* de Itaipu associada à formação da tarifa com base em custos reais representaria uma condição universalizante da riqueza produzida por meio de hidrelétricas, podendo essa ser a base da nova política brasileira, buscando ser a mais justa possível entre todos os estados e municípios.

Por uma política de integração regional

Ao longo dos seus 50 anos, a integração proposta por intermédio de Itaipu foi um avanço nas relações entre os dois países e uma representação do capitalismo financeiro internacional na região, com uma forma determinada de apropriação da riqueza produzida por meio de tarifas. A janela que se abre em 2023 permite que as ações de integração, não apenas de mercadorias, possam ser acolhidas com maior ênfase no âmbito regional.

O continente sul-americano é composto por economias extremamente desiguais, produtos de uma dualidade construída desde os tempos do capitalismo comercial, como demonstrado em reflexões elaboradas por Raul Prebisch, Celso Furtado, entre outros. Para Furtado (1971, p. 292), o grau de heterogeneidade entre países em processo de integração é fator de atenção. Segundo ele, há uma sensível vantagem àqueles países com maior grau de industrialização. "Se se pretende evitar a tendência à concentração geográfica dos frutos do desenvolvimento" faz-se necessário "um planejamento amplo e coordenado" do programa de integração. Apesar dos riscos, o autor insiste: "a teoria da integração constitui uma etapa superior da teoria do desenvolvimento e a política de integração, uma forma avançada de política de desenvolvimento" (Furtado, 1971, p. 293).

Aqueles países mais industrializados terão algumas vantagens no processo de penetração das mercadorias. Apesar de todas as dificuldades, dado o grau de globalização e avanço das forças produtivas, Moncayo (2008, p. 170) lembra que o processo de integração regional se torna *inevitável* e, ao citar Salgado (1979), elenca alguns objetivos nesse tipo de iniciativa, entre eles:

- desenvolvimento e mudança da estrutura industrial, e progresso tecnológico;
- expansão do comércio e melhor aproveitamento das capacidades produtivas existentes;
- aumento da capacidade de negociação com países terceiros;
- melhoria das relações políticas entre os Estados.

Canese acrescenta que a integração, ao corrigir "a distribuição assimétrica dos recursos naturais", permite um aumento da eficiência de todo o sistema, especialmente do ponto de vista ambiental (Canese, 2020, p 49).

O Mercado Comum do Sul (Mercosul) representa um desses esforços de integração. Com a assinatura do Tratado de Assunção, em 26 de março de 1991, o Mercosul começou a valer a partir de 31 de dezembro de 1994, envolvendo inicialmente quatro países,[1] sendo eles a República Argentina, a República Federativa do Brasil, a República do Paraguai e a República Oriental do Uruguai. Mais tarde, o Estado Plurinacional da Bolívia solicitou adesão (ainda não concluída) e a República Bolivariana da Venezuela, apesar de ter sido admitida em 2012, está temporariamente suspensa. O então embaixador brasileiro na Venezuela, Ruy Carlos Pereira, destacou a importância do ingresso da Venezuela e do conjunto do bloco no mercado mundial.

> Com a participação da Venezuela, o Mercosul estende-se agora da Patagônia ao Caribe e reúne 70% da população e 80% do Produto Interno Bruto (PIB) da América do Sul, além de contar com 20% das reservas provadas mundiais de petróleo – sem contar o pré-sal brasileiro – e recursos naturais como a extensa biodiversidade e grandes recursos hídricos. (*Brasil 247*, 2013)

---

[1] Mercosul: Chile, Colômbia e Peru são Estados apenas associados.

Gráfico 7 - Distribuição de população, território e PIB no Mercosul (%)

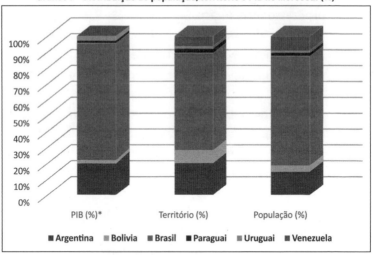

Fonte: Elaborado pelo autor a partir de dados da Cepal 2021.[2]

Gráfico 8 - Potência instalada - eletricidade no Mercosul - 2019 (%)

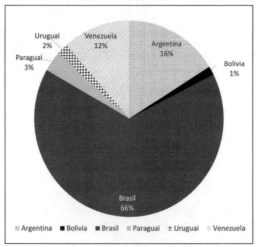

Fonte: Olade, 2020

---

[2] PIB da Venezuela não declarado no relatório.

Os gráficos 7 e 8 demonstram a distribuição de alguns dados macroeconômicos dos países do Mercosul nos quais o Brasil representa mais da metade. O fato de ser o maior país da região e fazer fronteira com todos os países do Mercosul coloca o Brasil em uma condição privilegiada, mas também de muita responsabilidade. Se o Brasil dispor de sua Indústria de Eletricidade e de seu Sistema Elétrico Nacional (SIN), poder-se-ia considerar que essa região do continente estaria praticamente integrada do ponto de vista físico, que em verdade ocorre, mas especialmente por relações bilaterais do Brasil com os países com quem faz fronteira.

Figura 10 – Rede de transmissão instalada no Brasil.

Fonte: elaborado por Sodré, G. a partir de ONS, 2023

Segundo a Organização Latino-Americana de Energia (Olade 2020), os países que compõem o Mercosul possuem uma indústria de eletricidade sustentada em fontes variadas, sendo 29% oriunda de combustíveis não renováveis[3] e 71% em bases renováveis,[4] o que lhe confere uma condição de elevada produtividade.

Gráfico 9 – Composição das fontes primárias da indústria elétrica dos países do Mercosul.

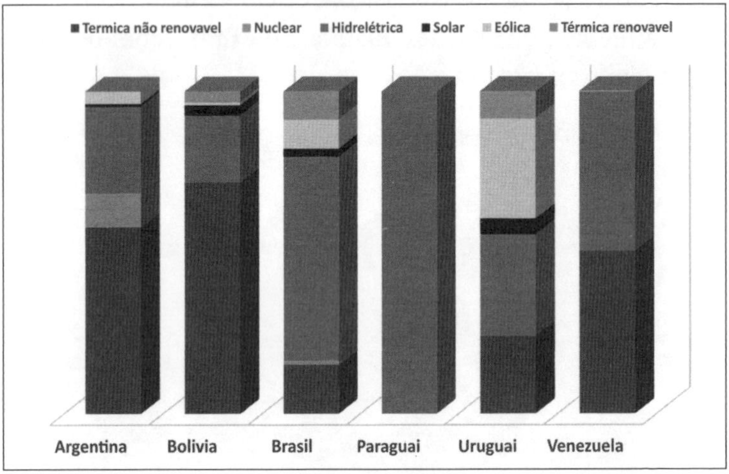

Fonte: Olade, 2020

Ao mesmo tempo, é importante considerar que a distribuição das fontes entre os países é extremamente desigual, já que Argentina, Bolívia e Venezuela juntos possuem 61% da indústria de base térmica da região, ou seja, possuem uma condição de produção de eletricidade análoga à mundial, aquela menos produtiva. Já Brasil, Paraguai e Uruguai possuem 84% da in-

---

[3]   Fontes não renováveis: carvão mineral, gás natural, petróleo e nuclear.
[4]   Fontes renováveis: hidráulica, eólica, solar e resíduos industriais (bagaço de cana e lixo).

dústria de eletricidade de bases renováveis. Fica nítido o quanto são evidentes as necessidades para integração das indústrias de eletricidade dos países do Mercosul, com vistas à "distribuição simétrica dos recursos naturais".

Itaipu pode ser uma espécie de fiadora de um grande mercado de eletricidade da região, onde os excedentes de cada país poderiam ser comercializados a partir de um valor de referência comum, com critérios pactuados entre os países-membros e até mesmo por uma "moeda comum". Isso permitiria que países como Argentina, Bolívia e Venezuela possam substituir parte da sua matriz térmica consumindo excedentes de fontes renováveis de Brasil e Paraguai principalmente. Tal medida estaria de acordo com a Declaração Conjunta firmada em janeiro de 2023 entre Luiz Inácio Lula da Silva e Alberto Ángel Fernández, presidentes de Brasil e Argentina respectivamente, quando asseguram o mútuo compromisso de fazer do Mercosul um "projeto amplo e profundo de integração que tenha impacto concreto na vida das pessoas" e que deva "intensificar a participação no comércio internacional [...] e aprofundar a integração regional" com a finalidade de "aumentar a competitividade industrial, com contornos modernos e sustentáveis".

Ainda no aspecto da integração regional, é importante lembrar que Itaipu é uma usina estratégica, situada a jusante de uma longa cadeia de hidrelétricas responsável por boa parte da hidreletricidade brasileira e da região. A (co)gestão de Itaipu, bem como das usinas do Rio Paraná, precisam ser sincronizadas com o uso dessas águas para a produção de alimento, cultivado ou pescado, navegação, dessedentação animal e humana e, nesse sentido, a responsabilidade de Brasil e Paraguai são enormes. O Mercosul está assentado sobre o território do Rio Paraná e Paraguai e, nesse caso, significa que um projeto de integração elétrica passa pelo cuidado mútuo de toda essa água.

Figura 11: Mercosul e a Bacia do Rio Paraná e Paraguai.

Fonte: arquivo pessoal.

O atual modelo de integração regional (bilateral) é ineficiente, insuficiente e custoso para os povos dos países da região. A integração regional é parte da transição energética. Os 50 anos de Itaipu podem contribuir para a construção de uma forma de integração como prática social, visão de mundo e modelo de preservação ambiental de caráter superior na perspectiva do aproveitamento integral não apenas da riqueza por ela produzida, mas de toda a indústria de eletricidade da região.

Parece evidente que condições físicas e ambientais não representam os maiores limites para a integração elétrica regional. Em verdade, a atual política rentista instalada na IEB representa uma ameaça para qualquer interesse nacional e soberano dos países vizinhos. Essa sim é uma barreira concreta para avançar em um ambiente de integração multilateral e ao mesmo tempo soberano.

Agora são outros 50

Nesse novo período que se abre, Itaipu precisa estar atenta às reivindicações que estão sendo pautadas pelo povo paraguaio e brasileiro, entre eles, a sustentabilidade em oposição ao uso inadequado dos recursos, a cooperação regional em detrimento da competição e oposição entre os países, a realidade tarifária, negando o caráter especulativo da política rentista (*preço teto*), como forma efetiva de socialização de toda a riqueza produzida e a cogestão popular.

Para alcançar esses objetivos, o marco dos 50 anos de Itaipu deve inaugurar uma verdadeira reforma na gestão interna. Uma das medidas mais significativas nesse sentido está contida na possibilidade de converter para referências nacionais a moeda utilizada. Encerrada a dependência com credores estrangeiros, e mesmo considerando o declínio da moeda estadunidense, a nacionalização da moeda é elemento central na busca por estabilidade econômica e realismo tarifário, ao lado do fim do mecanismo de contratação da potência (kw) passando a comercializar a energia efetivamente produzida (kwh).

Nesses 50 anos, além da conta de luz, brasileiros e paraguaios pagaram caro pela perda compulsória de seus territórios, de suas fontes de renda e trabalho, de seus modos de vida e cultura. Paga-se caro pelo afogamento das Sete Quedas, espetáculo natural algumas vezes maior que as Cataratas do Iguaçu. A partir do encerramento da dívida contraída com bancos e agentes financeiros de todo mundo, Itaipu deverá levar a cabo o pagamento de todas essas outras dívidas, em especial as com comunidades ribeirinhas, indígenas e camponesas.

Com a população de ambos os países, em especial aqueles setores mais progressistas, que reclamam por transparência na gestão e participação ativa e efetiva nas ações de decisões, Itaipu pode inaugurar um rico, amplo e permanente ambiente de diálogo sobre a questão energética, sobre a construção de um sólido processo de transição energética, de desenvolvimento e integração, em especial na decisão coletiva do destino que pode se dar a toda essa riqueza produzida, em um ambiente de gestão compartilhada.

O que se reclama para os próximos 50 anos é em verdade a construção de um projeto energético popular, como defendido pelo Movimento de Afectados por Represas (MAR), que seja: 1– Para satisfazer as necessidades; 2– Com apropriação popular; 3– Sustentável; 4– Que priorize o valor de uso; 5– Com uso racional; 6– Como direito amplo; 7– Para hoje e para o futuro; 8– Considerado como bem comum; 9– Desde o que existe – desde *lo que hay*; 10– Considerar as diferentes escalas – descentralização; 11– Opção preferencial pelas fontes renováveis, 12– Em solidariedade; 13– Com equidade; 14– Com autonomia e soberania e; 15– Diversificada.

Ao longo deste trabalho foi demonstrado como a Indústria de Eletricidade Brasileira (IEB) foi praticamente toda transferida para setores privados, de caráter rentista. O interesse nacional somente será recuperado com a retomada da propriedade estatal, bem como a manutenção de Itaipu sob comando estatal, sob a égide do interesse público. Trata-se de uma condição de segurança, soberania e justiça social e energética, já que não há justificativas razoáveis para creditar razão ao fato de o Brasil possuir as tarifas de energia mais caras da região, até mesmo do mundo.

No próximo período, Itaipu pode estabelecer uma política de reconciliação com aqueles que a construíram, com aqueles que a pagaram e com aqueles que deram sua vida e seus territórios para sua instalação. Por isso, mesmo que necessária, a proposta da renovação do Tratado não é suficiente. O necessário nesse momento é um outro acordo, um tratado de caráter popular, justo, sustentável e internacionalista.

REFERÊNCIAS

ASOCIACIÓN YVY PARANÁ REMBE'YPE. *Deuda histórica de Itaipú Binacional lado paraguayo, con el Pueblo Ava Guarani Paranaense*. 1. ed. Assunción, Paraguay: Fundación Jerovia, 2021.

ALTVATER, Elmar. *The social formation of capitalism, fossil energy, and oil-imperialism*. [sn]. 22p.

ANEEL. Agência Nacional de Energia Elétrica. *Sistema de acompanhamento de informações de Mercado para regulação econômica.* Disponível em: https://portalrelatorios.aneel.gov.br/luznatarifa/cativo Acesso em: 1 mar. 2023

AVA. *Geração e distribuição de vapor*. Disponível em: https://atividadesava.com.br/geracao-e-distribuicao-de-vapor-ul Acesso em: 24 jan. 2023

BRANDÃO, Luiz; LIMA, Leonardo. *Project Finance*. Rio de Janeiro: PUC/Rio, 2013. Disponível em: http://iag.puc-rio.br/~brandao/ADM2308/Project%20Finance.pdf Acesso em: 25 mar. 2013.

BRASIL247. *Ingresso da Venezuela desloca epicentro do Mercosul.* Disponível em: https://brasil247.com/mundo/ingresso-da-venezuela-desloca-epicentro-do-mercosul Acesso em: 22 fev. 2023.

BRASIL CONGRESSO. *Aprova o Tratado de Itaipu e respectivos anexos*. 1973. Disponível em: https://aneel.gov.br/arquivos/PDF/dlg1973023/IATIPU Acesso em: 25 mar. 2013.

BRASIL CONGRESSO. *Decreto Legislativo 2600/2010*. Aprova Mensagem 951/2009 da Representação brasileira no parlamento do Mercosul. Submete à deliberação do Congresso Nacional o Texto das Notas Reversais entre o governo da República Federativa do Brasil e o governo da República do Paraguai sobre as bases financeiras do Anexo C do Tratado de Itaipu, firmadas em 1º de setembro de 2009. Disponível em: http://camara.gov.br/proposicoesWeb/fichadetramitacao?idProposicao=476031. Acesso em: 10 out. 2013.

CANESE, Mercedes. La conveniencia de una integración eléctrica en el Cono Sur de América, teniendo como ejes a Itaipú y Yacyretá. *In: Itaipu*: deuda, soberania e integracíon. Asuncion/Paraguai: Fundación Jerovia, 2020. 1. ed.

CANESE, Ricardo. *La recuperación de la soberanía hidroeléctrica del Paraguay en el marco de políticas de Estado de energía*. Assunção: Editora El umbigo del mondo, 2011. 6. ed.

CAUBET, Christian G. *As grandes manobras de Itaipu*: energia, diplomacia e direito na Bacia do Prata. São Paulo: Ed. Acadêmica, 1991.

CEPAL. *Anuário estadístico de América Latina y el Caribe 2021*. 1. ed. Santiago/Chile: Nações Unidas, 2022.

CORDEIRO, Enio. *O tratado de Itaipu e os Acordos alcançados com o Paraguai*. 2009. Disponível em: http://interessenacional.uol.com.br/2009/10/o-tratado-de-Itaipu-e-os-acordosalcancados--com-o-paraguai/. Acesso em: 4 mar. 2013.

DÁVALOS, Enrique O. *Raízes socioeconômicas da Integração Energética na América do Sul*: análise dos projetos Itaipu Binacional, Gasbol e Gasandes. Tese de doutorado. FEA-IEE-IF/USP – PIPGE. São Paulo/SP, 2009.

EN MARCHA. Revista del Movimiento de Afectados por Represas. *El MAR e a questión energética*. 3. ed. En Marcha: Erechim/RS, 2023.

FERNANDES, Bernardo M. *Sobre a tipologia de territórios*. Presidente Prudente: Unesp, 2008.

FERNANDES, Bernardo M. *Entrando no território dos territórios*. Presidente Prudente: Unesp, 2007.

FERNANDES, Florestan. Reflexiones sobre las revoluciones interrumpidas. *Cuadernos del Pensamiento Crítico Latinoamericano*, n. 9, Buenos Aires: CLACSO, Junio 2008. [Originalmente publicado como "Reflexões sobre as revoluções interrompidas".

In: FERNANDES, Florestan. Poder e contrapoder na América Latina. São Paulo: Expressão Popular, 2015.]

EMPRESA DE PESQUISA ENERGÉTICA (EPE). *Balanço Energético Nacional – 2021*. Rio de Janeiro: EPE, 2022.

EMPRESA DE PESQUISA ENERGÉTICA (EPE). *Matriz energética e elétrica*. Disponível em: https://epe.gov.br/pt/abcdenergia/matriz-energetica-e-eletrica Acesso em: 24 jan. 2023

FOLHA DE S. PAULO. *Brasil e Paraguai elevam custos em Itaipu a 1 bi às vésperas do fim da dívida*. Disponível em: https://folha.uol.com.br/mercado/2022/08/brasil-e-paraguai-elevam-custos-em--Itaipu-a-us-1-bi-as-vesperas-do-fim-da-divida.shtml Acesso em: 23 fev. 2023

FRONTINI, Paulo S. Itaipu Binacional: novo tipo de empresa? *In*: Itaipu Binacional. *Natureza Jurídica da Itaipu*. Foz do Iguaçu: Itaipu Binacional, 1978.

FURTADO, Celso. *Teoria e política do desenvolvimento econômico*. 4. ed. São Paulo: Ed. Nacional. 1971.

GARDIN, Cleonice. CIBPU Comissão Interestadual da Bacia Paraná--Uruguai no planejamento regional brasileiro (1951-1972). Dourados/MS: Ed. UFGD, 2009.

GERMANI, Guiomar Inez. *Expropriados. Terra e água*: o conflito de Itaipu. 2. ed. Canoas/Salvador: Editora Ulbra/EDUFBA, 2003.

GIRARDI, Eduardo Paulon. *Atlas da questão agrária brasileira*. Presidente Prudente: Unesp, 2008.

HARVEY, David. *O novo imperialismo*. São Paulo: Ed. Loyola, 2009.

HARVEY, David. *O enigma do capital e a crise do capitalismo*. São Paulo: Editora Boitempo, 2011.

HELERBROCK, Rafael. "Usinas de eletricidade"; Brasil Escola. Disponível em: https://brasilescola.uol.com.br/fisica/usinas--eletricidade.htm Acesso em: 23 jan. 2023.

ITAIPU BINACIONAL. *Relatório Anual 1974*. Brasília/DF: Itaipu, 1975.

ITAIPU BINACIONAL. *Relatório Anual 1985*. Brasília/DF: Itaipu, 1986.

ITAIPU BINACIONAL. *Bê-á-bá de Itaipu*. Foz do Iguaçu/Pr.: Itaipu, 2012.

ITAIPU BINACIONAL. *Relatório de Auditoria 2011 e 2010*. Foz do Iguaçu, 2012b. 48p. Disponível em: www.Itaipu.gov.br/ Acesso em: 29 mar. 2013.

ITAIPU BINACIONAL. *Relatório Anual Itaipu Binacional 2021*. Foz do Iguaçu/Pr.: Itaipu, 2022.

ITAIPU BINACIONAL. *Relatório Anual 1984*. Foz do Iguaçu, 1985. 76p. Disponível em www.Itaipu.gov.br Acesso em: 29 fev. 2023.

ITAIPU BINACIONAL. *Relatório de Auditoria* 2006 e 2005. Foz do Iguaçu, 2007. 40p. Disponível em www.itaipu.gov.br Acesso em 29 mar. 2013.

ITAIPU BINACIONAL. Relatório Anual 2006. Foz do Iguaçu, 2007. 75p. Disponível em www.itaipu.gov.br Acesso em 29 mar. 2013.

ITAIPU BINACIONAL. Relatório Anual 2011. Foz do Iguaçu, 2012a. 130p. Disponível em www.itaipu.gov.br Acesso em 29 mar. 2013.

GONÇALVES JUNIOR, Dorival. *Reestruturação do setor elétrico brasileiro*: estratégia de retomada da taxa de acumulação do capital? Dissertação de Mestrado. FEA-IEEIF/USP – PIPGE 2002. São Paulo, 2002.

GONÇALVES JUNIOR, Dorival. *Reformas na indústria elétrica brasileira*: a disputa pelas fontes e o controle dos excedentes. Tese de Doutorado. Programa Interunidades de Pós-Graduação em Energia (PIPGE, EP/FEA/IEE). Universidade de São Paulo. São Paulo, 2007.

LENIN, Vladimir Ilitch. *Imperialismo, estágio superior do capitalismo*. 1. ed. São Paulo: Ed. Expressão Popular, 2012.

LOPES, Gustavo T.; PORTO, Clara D. *Brasil e Paraguai* – História, energia e integração. Disponível em: http://ppgri.uerj.br/form/ Gustavo_Tonon_%20Clara_Dias.pdf Acesso em: 15 mar. 2013

MAGGI, Leonardo Bauer. *Contribuições de Itaipu no processo de integração elétrica regional*. Dissertação de Mestrado. Universidade Estadual Paulista, Faculdade de Ciências e Tecnologia. Presidente Prudente/SP, 2013. 140 p. Disponível em: http://hdl. handle.net/11449/116011.

MARX, Carlos. *El capital*. Crítica de la Economía Política. Tomo primero. La Habana: Editora Nacional de Cuba/Consejo Nacional de Cultura, 1962.

MARX, Karl. *O capital*. Livro 1. 1. ed. São Paulo: Boitempo, 2011.

MINISTÉRIO PÚBLICO DA UNIÃO (MPU). *Avá-Guarani*: a construção de Itaipu e os direitos territoriais. Brasília/DF: Ed. ESMPU, 2019.

MONCAYO, León Héctor. *Nem um, nem outro*: integração e desenvolvimento na América latina. Coleção Integratemas, 2. Edição. Rio de Janeiro, 2008.

MONIZ BANDEIRA, Luiz Alberto. *O eixo Argentina-Brasil*: o processo de integração da América Latina. Brasília: Editora Universidade de Brasília, 1987.

MOVIMENTO DOS ATINGIDOS POR BARRAGENS (MAB). *Evidências da nova realidade de Indústria de Eletricidade Brasileira*. São Paulo/SP, 2022. [não publicado]

MOVIMENTO DOS ATINGIDOS POR BARRAGENS (MAB). A farsa da crise hídrica no setor elétrico. Sul 21, Opinião, 29 jun. 2021. Disponível em: https://sul21.com.br/opiniao/2021/06/a-farsa-da-crise-hidrica-no-setor-eletrico-por-mab/. Acesso em: 10 abr. 2023.

ORGANIZAÇÃO LATINO-AMERICANA DE ENERGIA (OLADE). *Panorama Energético de América Latina y el Caribe 2020*. Quito/Equador. 1ª edição. 2020. 353 p.

ORGANIZAÇÃO LATINO-AMERICANA DE ENERGIA OLADE (OLADE). Precios de la Energia en America Latina e Caribe – Informe anual abril 2021. Disponível em: https:// olade.org/publicaciones/precios-de-la-energia-en-america-latina-y-el-caribe-informe-anual-abril-2021. Acesso em: 20 jan. 2023.

ONS. *Diagrama esquemático das usinas hidrelétricas do SIN* (205/2019). Disponível em: https:// ons.org.br/sites/multimidia/Documentos%20Compartilhados/dados/DADOS2014_ONS/assets/2_4.jpg Acesso em: 10 fev. 2023

ONS. *Mapa dos quantitativos de margens para leilões de energia*. Disponível em: https:// ons.org.br/paginas/sobre-o-sin/mapas Acesso em: 23 jan. 2023.

PEREIRA, Osny Duarte. *Itaipu*: prós e contras. Rio de Janeiro: Editora Paz e Terra, 1974.

PINTO, Tão Gomes. *Itaipu*: Integração em concreto ou uma pedra no caminho? Barueri: Ed. Manole, 2009.

REALE, Miguel. A estrutura jurídica de Itaipu, 1974. *In*: Itaipu BINACIONAL. *Natureza Jurídica da Itaipu*. Foz do Iguaçu, 1978.

SANTOS, Milton. *A natureza do espaço*: técnica e tempo. Razão e emoção. 4. ed. São Paulo: Edusp, 2008.

SAQUET, Marcos A. *Abordagens e concepções de território*. 3. ed. São Paulo: Ed. Outras Expressões, 2013.

SWITKES, Glenn. *A construção de barragens na América Latina.* (publicado em 17/07/2001) Disponível em: http://www.riosvivos. org.br/Noticia/A+Construcao+de+Barragens+na+America+Lat ina/34. Acesso em: 25 mar. 2013

SORIA, Miguel Z. *Usina de Itaipu* – Integração energética entre Brasil e Paraguai. Curitiba: Ed. UFPR, 2013.

SOUZA, Edson Belo C. *Estado*: produção da região do lago de Itaipu – turismo e crise energética. (Tese de Doutorado) Universidade Estadual Paulista, Faculdade de Ciências e Tecnologia. Presidente Prudente, 2002.

TRATADO DE ITAIPU. Brasília/DF, 1973. Disponível em: www. itaipu.gov.br/sites/default/files/u13/tratadoitaipu.pdf Acesso em: 7 jul. 2023.

VAINER, Carlos. *Conceito de "atingido"*: uma revisão do debate e diretrizes. Disponível em: www.observabarragem.ippur.ufrj.br/ central_download.php%3Fhash%3D3ac3268ad9d620abb0b982 09ecb720cf%26id%3D18 Acesso em: 22 set. 2013.

YACYRETÁ. Tratado de Yacyretá e normas complementarias. Assunção, 1979.

YACUBIAN, Pedro Henrique. *A Questão da Serra do Maracaju.* 2007 (Atualizado em 28/01/2008). Disponível em: http://pt.scribd. com/doc/48242721/Brasil-Paraguai-Serra-doMaracaju) Acesso em: 10 jan. 2013